〔日〕隈研吾
〔日〕三浦展

著

刘朔 译

三低主义

重庆大学
出版社

目录

第 1 章

第 2 章

125　移动与建筑

第 3 章

三低的城市，建筑为何物？

1.1

进步终结的时代

三浦 前些天，国土交通部下属财团主办的杂志《城市与生活》（*City & Life*）来采访我。虽说是国土交通部下属财团主办的杂志，并且邀请了阵内秀信先生和小谷部育子先生作为编委，但却是一本时尚而通俗的杂志，这次找我取材的特辑主题是"可爱的城市"。

我接受了他们的采访。我碰巧在2009年出版了关于男性不受欢迎的书《无人气！——男性受难的时代》，书中叙述了受欢迎男性的标准从过去的"三高"（高学历、高收入、高个子）变化为如今的"三低"[1]（低风险、低依存、低姿态）。因此，关于城市的特辑也被定名为"可爱的城市"，对于城市和建筑，也从热衷"三高"的时代走向了偏好"三低"的时代，我半开玩笑地说道。听我这么一说，编辑部的人喜出望外，我心想是否能就这个有趣的话题与隈研吾先生进行对话，隈先生会不会对这个话题很感兴趣呢？我太失礼了啊（笑）。

下面我为读者们详细说明一下"三低的城市和建筑"。过去的城市和建筑以"雄伟"为追求，因此是"高压式"的；到了近代，高层建筑受到好评；进入后现代时期，人们又开始偏好思想层面的"高尚"建筑。

然而，现如今，几乎已经没人追求那种所谓的"雄伟""高层"或是"高尚"的建筑，也就是那种"高高在上"的建筑。30岁以下的年轻建筑师们也不再关注这类建筑，反而开始关注低层、低姿态（亲切可爱的）、低碳（减少环境负担），或者低成本（价格低廉）等方面，如袖珍住宅。车也是如此，从注重高速度、马力强的时代发展为青睐低速度、无公害的小型车。"三低"便是这样的含义。以前的"团地式"住宅小区浪潮以及"废墟"浪潮也是一种"三低"现象。

用更社会性的角度来表述，我想，与这部分的主题"进步的终结"有关联。在《简易族的叛乱》一书中，我曾写过这个话题，还有在杂志《中央公论》的2009年7月号上，我与社会学者兼东京大学名誉教授见田宗介先生的谈话主题亦是"进步的终结"。这里并不仅仅是指工业技术层面进步的终结；也不仅仅是指：不要单纯追求物质的丰裕，也要追求心灵的充实。这种进步也意味着人际关系向着理想状态进步和发展。例如，有些人认为，相对冷淡的人际关系会更好呀，或者不愿意与公司的上司一起去喝酒呀，以及男女职责划分明确的夫妻是过时了呀等，也包含了这些社会认知。近些年来，大家渐渐不再认为这些是近代的优良思想，反而出现了逆转。例如，根据"日本人的国民性"调查，现在30多岁的人中，愿意与上司一起去喝酒的人与日俱增（笑）。

当今社会正处于巨大的转型时期，既出现了这方面的调查，价值观的现代化发展进程也走向了穷途末路，带引号的所谓"进步"，也包含着这样的意味。这些不也正逐渐走向终结吗？"终结"这个表达本身有语病，确切而言，它是指这种近代化的思考方式的接受范围渐渐不再扩大。"团地"等现象便正是如此，体现着近代化的、个人化的、私人化的生活方式被认可。因为这是进步思想的结晶，所以当人们对此抱有留恋心态时，或许就代表了进步思想自身的终结。

相反，我很反感像六本木之丘之类巨大雄伟的大厦，它形状本身近似于男性生殖器。虽然在东京的任何地方我都不愿意看到那样的建筑，但是却又随处可见，这实在是一种公然猥亵。因此，我一看到六本木之丘便心生厌恶，就好像在美式餐厅里有人拿出足足十磅的烤牛排时，让人感到过饱而情绪不佳。感觉真是够了，东京不再需要建筑，我压根不想再看到。我觉得，这也许是西洋情结和美国情结最后的姿态。我想说，因为我是日本人，对于我而言，"茶泡饭"就很好。

然而，这次我重新反复阅读了好多本隈先生的书，说得极端些，隈先生从20年前就一直在探讨这样的话题。

隈 确实如此。1986年，我写了《十宅论》那本书，我将建筑师们建造的看上去很宏伟的住宅称为"建筑师派"风格，并加以冷嘲热讽。也许我就是从那时起开始关注这个话题的。

三浦 我重新认识到，对于时代的变化，隈先生的嗅觉十分敏锐。我这么说，是因为隈先生的最初研究就是从质疑"进步"开始的。《负建筑》一书也是如此，可以说是将"可爱的建筑""三低建筑"用三高性质的语汇表达出来的。

隈 嗯。表达的也许就是建筑师式的"三高"和"高尚"吧。

三浦 正因为您有"我让步哦"这样一种反论式的意识（笑）。对于建筑师而言，要承认"三低建筑"

当真不容易，建筑师们果然还是喜欢创作外观优美的建筑，抱有这样的期待，因此无论如何也要争取做出"三高"建筑。即使设计了低层建筑，也并不算是"三低"。但是，如果是隈先生设计的建筑，即使是高层建筑，您也能够做出"三低"的韵味来吧。

一般的建筑师即使设计公营住宅，最后也是"三高"的效果。记得以前隈先生谈起过妹岛和世的岐阜住宅，大多数人都会质疑那样的住宅怎么住人。不知哪里让人感觉到"高高在上的视角"。上野千鹤子也在与隈先生的谈话中说到，人们一般都会说与房间格局什么的无关。因此，即使竭尽全力考量房间格局，能够理解设计本意的也只有极少数的人。

这么说起来，前些天我去看过公团的荻洼团地，那是昭和三十年（1955年）的建筑，现在正在重建，巨大的楼房完全由供单身族居住的一DK居室构成。

但是，如果仔细观瞻，这建筑还是很美观的，可以算是当时最高的"三高"建筑，竣工时一定充满着未来感而闪耀夺目吧。时至今日，我切实体会到，一户挨着一户的住宅结构已十分拥挤，感觉变得像九龙城一样。可见，无论创造出多么洁净而富于未来感的住宅，最后也会被生活的现实打败。从生活的现实角度来看，建筑的设计以及房屋的结构等方面无论怎样都需要改善了。

我既有过亲身体验，又反复阅读了隈先生的著作，我发现隈先生近20年来的研究主题正是如此，即针对近代化三高建筑呈现出错位的视角。

隈 是吗？虽然我出生于1954年，但是按照惯常的十三年周期说，有时我被称为第二次世界大战之后的第四代建筑设计师。我们前一代的第三代建筑设计师是出生于1941年的安藤忠雄、伊东丰雄、长谷川逸子等人。再之前13年，1928年出生的有桢文彦、菊竹清训，以及在那之后的1931年出生的矶崎新、1934年出生的黑川纪章等人。第一代建筑设计师是1913年出生的丹下健三以及

1905年出生的前川国男等人，这样的世代论是为了便于说明战后的日本建筑。

简要总结来说，以丹下先生为核心的第一代建筑师的活跃时期是20世纪60年代，正值日本的高度成长期，建造了很多"拔地而起""科技万岁"的现代主义建筑。此间的代表作是1964年东京奥运会场馆的悬索结构建筑代代木体育馆。从科技角度而言，这是当时最"高"的建筑。

到槙文彦、矶崎新等第二代建筑师时，因为20世纪60年代末产生了诸多公害问题，大家对科技的不信任心理开始萌生。他们活跃的高峰期是20世纪70年代至80年代，他们的理念支撑点是文化范畴的"高"。槙先生追求美国流派的城市文化，矶崎先生追求欧洲流派的历史性，虽然两者有别，但是两者都在探寻能够取代科技的新"高"，成了时代的先锋设计师。另一方面，虽然黑川纪章先生是同时代的设计师，但他还是倾向于前一时代的技术流，所以不免令人略感浮夸，不得已成为被建筑界耻笑的角色。然而，槙先生与矶崎先生却没有变成以优越者自居的"高"姿态。

与此相对,第三代建筑师安藤先生、伊东先生却追求"低"的作品。安藤先生是高中毕业的拳击手出身,所以容易被"低"的事物吸引,使用的素材也基本是建造仓库和工厂的清水混凝土材质,这给槙先生和矶崎先生的"高"以漂亮的一击。虽然伊东先生是东京大学毕业的,但是他却说过"让建筑在商业的海洋中浮出水面"这样的观点,自如地创造出颇为空虚的商业建筑般的"低",并以此作为自己的设计身份。日本建筑在世界上以"低"作为武器,正是从第三代建筑师开始的。虽然他们从70年代末期才开始崭露头角,但是这个时期正好赶上石油危机;虽然曾蒙受高度成长期的庇护,但是这动荡的时代致使建筑业受到突如其来的打击而急转直下。可以说,这样的时代造就了第三代建筑师的姿态——以"低"来一决胜负。

然而,对于我来说,无论是安藤先生的清水混凝土，还是伊东先生从"消费的海洋"中提炼出的膨胀金属，完全是在一瞬间将新模式的"高"符号化了。我暗自决定绝不滥用这种模式的"高"，并以此为宣言，在事务所开业的那一年，写下了《十宅论》。那时候，正值安藤先生和伊东先生完全被标识化和品牌化的时期，尚且稚嫩的我大胆地称其为"建筑师派"。一些建筑师坚持自己所崇尚的模式，而后形成了固定风格，这与"清里民宿派"或是"料亭派"等品牌还有什么不同？无论出身"低"还是"不低"，结果都会升格为"御样式""高样式"，因此会被人批判说是被高估了。

原本所谓"高""低"这种等级制度，自身就会瓦解，以"低"为起点确立自己的身份，之后自己抬"高"这种身份，已是社会上司空见惯的模式。因此，首先必须要瓦解这种身份本身。确立的身份以作品的名义集中体现在建筑物上，虽说这才是所谓的"公共建筑"，但是必须摧毁这种古典建筑师的模式。因此，反思各种建筑的现况以及与周围环境的契合程度，建筑师必须与时俱进改变自身，不要只想着完成所谓的"作品"，而是开始考虑什么都不要做，或者尽量少插手，才更为重要。我认为这才是真正的"低"。

虽然我是出于这样的目的才写了《十宅论》，但或许是因为文章的反讽性太强，好些人无法捕捉到真正有用的信息，因此在后来的《反物质》和《负建筑》中，我使用了更为严谨的文体来叙述这个内容。

之所以会有这样自暴自弃式的想法，那是因为我感到，在我们这个时代，或许已经建造不出像样的公共建筑了。实际上，我在1986年成立了事务所，起初正好处于泡沫经济崩坏之前，虽然当时还是新手，但是却接到过规模空前的项目。从20世纪90年代初泡沫经济崩坏开始的13年间，别说公共建筑了，就连民间的私人项目也没有接到，所以连续着手于地方的项目。第三代与第四代建筑师恰逢公共建筑终结的时代，但是处境有别。可以说，或许是我对那种状况尤为敏感吧。

1 【三低】(低风险、低依存、低姿态)

这是如今日本男性受欢迎的条件。指从事没有风险的工作，不将家务全部推给女性，不高高在上说话的男性。虽然在上海，男性的择偶条件是身高、收入和学历的"三低"，而且中国网络游戏使用者的低年龄、低学历、低收入这样的三低日益成为问题，但是本书所说的三低，完全是肯定的含义。

1.2

20世纪城市的生与死

三浦 这回我还考虑了一个问题，就是关于城市职能的
集中与分散。

大致来讲，埃比尼泽·霍华德所倡导的田园城市
思想是将城市职能从市中心分散开来，力求在绿
化带对面建造可容纳3万人左右、以住宅和最低
限度的商用建筑为主的卫星城市群。与之相反，
勒·柯布西耶[1]则是在城市中建造巨大的建筑，
将用于居住、工业、商业的建筑都集中于城市。
无论六本木之丘还是东京市中心区域，都是根据
这样的设想建造出来的。

另一方面，说到田园城市思想，就结果而言，怀特经过思考和实践创造的莱奇沃思[2]花园城市，是具备了工厂和业务职能的田园城市，但还没有完全建好，仅仅是着重建设了以居住功能为主的郊外住宅。这样的住宅在美国和日本都有，因为商用功能还很微弱，所以之后会开始建造大型购物中心，也就是说将城市化的商圈像包裹一样打包后分散在郊外进行规划建设。但是住宅用地与商业、文化、业务等并非配套开发，而是分别分散在各地，因此汽车便不可或缺。

然而，现如今，这种郊外型的商业包裹与市中心的商业区和业务区形成了逆流，无论是品川还是大崎，再开发之后，同样的承租人入住其中，完全是被包裹化了一般。曾经的丸之内与西新宿明显是不同的街道，然而现在的新丸大厦与大崎看起来，从本质上来说几乎一样。

此外，从我的角度来看，紧凑型城市[3]的含义被误解了，就好像建造高层复合大厦就能成为紧凑型城市似的，建筑师们对市中心做了高度利用再开发，结果，品川、大崎、五反田等地到处都建造了同样的东西，像郊外的购物中心一样打包建造，向着自给自足的方向推进开发。因此，我将表参道之丘和六本木之丘称为"城市的离子"。据此，城市渐渐失去了城市感。城市正在逐渐郊外化。

隈 电离化的城市，最终会渐渐自取灭亡啊。筹钱的方式、设计的程序，甚至是召集承租人的过程，这些全部都需要统一标准化。城市本身也好像到处都是一样，被商品化了。这样的情况，不久之后，必定会饱和。因此商业设施本身会自取灭亡，商品房的价格也会暴跌。在那之后，这莫大的负遗产，如何退出市中心型系统，如何在衰退中前进，都是21世纪最大的课题啊。然而我绝不悲观，我一边开心地生活着，一边在妥协中谋得进步，那也是好的啊。像改造纽约的贫民窟那样，或许会使用出人意料的方法。50年过后，复古的紧凑型城市啦，复古市场大开发啦等，都会成为秘密的人气商品吧（笑）。

三浦 原来如此啊。如今当真是处于时代剧变的节骨眼上，虽然我对建筑不在行，但是我认为对于建筑来说也一定是到了转折点。自2008年雷曼兄弟经济危机上溯一百年的话，1908年，福特T型车发售的那一年，正是批量化生产大行其道的开端，也是大众承蒙大生产恩惠的开端。

从建筑的角度来说，柯布西耶也对小汽车以及福特主义[4]十分关心。他自己也驾驶福特车，听说他访问美国的时候，还专门参观了底特律的福特工厂，他和密斯·凡·德·罗[5]以及参加魏森霍夫住宅[6]展览的人，也都阅读了福特的自传。另一方面，第二次世界大战之后，福特的生产系统以莱维敦[7]的形式，逐步实现了在住宅建造上的运用。

在那之后，1908年与2008年之间的正中，1958年，举办了布鲁塞尔世博会[8]。那是战后的首次世博会。

隈 啊，是这样的。那看上去像巨大的球体一样，是一座不可思议的纪念碑。

三浦 是原子球塔[9]。还有柯布西耶设计的飞利浦馆。

由于第二次世界大战，欧洲诸国之间的关系恶化，战后迟迟无法举办世博会，朝鲜战争结束之后才终于举办了这次世博会。在那之前爆发了斯普特尼克危机[10]，所以苏联展示了斯普特尼克卫星。之后的第二年，在莫斯科举办了美国博览会[11]，尼克松访问了赫鲁晓夫，引发了著名的"厨房辩论"[12]。

为此，1958年既是第二次世界大战之后国际关系得以被修复的年份，也可以说是冷战真正开始的年份。我碰巧也是1958年出生的。

"厨房辩论"，是尼克松与赫鲁晓夫进行的争论。尼克松认为，比起核武器，更应该在住房和消费方面进行竞争。1956年，美国完成了《州际高速公路法》[13]，也正是此时，大力促使美国开始真正开发郊外住宅区。美国从1929年的经济危机直至20世纪40年代末期间几乎没有建造高楼大厦。进入20世纪50年代之后，才真正开始再次建造摩天大楼。美国一面推进郊外化进程，一面致使市中心逐渐高层化。具有象征意义的是，1951年在芝加哥建造的密斯的湖滨公寓[14]，1958年在纽约，密斯与菲利普·约翰逊[15]设计的西格拉姆大厦[16]竣工。一方面在市中心建造现代化的大厦，一方面在郊外建造造价低廉的住宅。

威廉·怀特[17]，原本是《财富》杂志的记者，之后以城市评论家的身份于1957年出版了著作《大都市爆炸》（*The Exploding Metropolis*）。简·雅各布斯[18]在其中撰文。

可以说雅各布斯的一部分特质是怀特发掘的，好像在有些地方，雅各布斯还演讲过。而且当时，罗伯特·摩西[19]陆续建造了高速公路和高楼大厦，意欲进行纽约市的再开发。他要在华盛顿广场的旁边也开通高速公路。

然而，雅各布斯展开了市民运动来反对令人生厌的街道，怀特听过她的演讲。他对雅各布斯说："你很有趣，能否在《财富》杂志上撰写文章呢？"这就是雅各布斯的处女作《市中心为人民而存在》。怀特将这篇文章收录在《大都市爆炸》一书中。而后，雅各布斯于1961年出版了著名的《美国大城市的生与死》。

1960年之后，日本城市的再开发与郊外化齐头并进，距今已经过去50年了。如果没有石油，高速公路、郊区住宅与汽车等都难以维持。此外，由此产生了大量的二氧化碳，如今，这样的生活方式已经濒临边缘，接近饱和。

接下来，像次级贷款问题这样，虽说低收入阶层也能买得起房子了，但是贷款之后还是会出现问题，正所谓"在郊区谁都能买得起房"这样的美国梦破灭了。如今，整个世界经济都陷入了危机。我认为1958年正是这种巨大潮流的源头。

之后在2008年，奥巴马当选美国总统，2009年在日本，民主党政权也得到认可等，体现了时代处于剧变的转折点。在这样时代剧变的转折时期，社会的很多方面都发生了价值转变，建筑也不例外吧。然而，究竟是如何转变的，又应该怎样转变，思考这些问题才是我们这番对话最大的主旨。

隈　结果，支撑20世纪美国繁荣的，是以住宅贷款制度为基础的产权政策。所谓产权政策，如果借用我在1994年所著的书名，就像是唤醒"建筑的欲望"一样的强化剂，让谁都能入手"建筑＝自有房产"一样，让人们都自以为很了不起。20世纪之前，建造自己的房产，并且私有化，仅仅是极有限的人才能做到的事情。次级房贷产生之后，直接就大众化了。最低利率的问题，基础中的基础露出破绽，这是具有象征性的，也是必然的。

然而，虽然不是雅各布斯的《美国大城市的生与死》，那个构图却让世界开始了再生产。为什么这样说呢？今天上午，在硕士论文发表会上，有一位越南籍的女学生发表的论文名为《胡志明市的生与死》，其内容描述了胡志明市所拥有的越南特色的街道遭到了破坏。我想，在越南也有人好好阅读过雅各布斯的书啊。

三浦　这样啊。是胡志明市的生与死么？感慨颇深呐。两年前，我和大月敏雄[20]先生一起去柬埔寨的时候也是，金边在建造金光闪闪的高层大厦，而越南那边则开发得更早吧。

限　大家已经都变成了门锁式公寓，门前肮脏的街道令人十分不悦。我看过之前的照片，简单说来，开发之后建造了漂亮的树木和人行道，那里虽然有一排公寓，但是谁也不走那条路。

三浦　那是高层公寓吗？

限　有高层也有中层，说是高级公寓，但并不是世上随处可见的那种。因为是出于销售目的而建造，拙劣地复制粘贴抄袭而成，所以才变成了这样。

三浦　15、16层楼？

限　是的。虽然次级房贷有漏洞，这样的风景在世界上仍然被再生产着。

三浦　这就是低程度开发国家的三高志向。南美洲中部大致也是如此吧。

限　确实如此啊。因为还有安全性的问题，就更加趋于门锁式了。在日本不需要考虑安全性的问题，因此在这个问题上相对更为宽松，社会阶层在实际的社会中并不凸显，但是却有着奇妙的温泉一样的温度。有门的话，我们便心知肚明会被排除

在外，有助于我们认识到社会的现实，但是因为
日本没有门，即使现在日本依然沉浸于幸福的非
现实梦境之中，自以为整体处于中产阶级社会。
实际上仍就处于一个阶级社会啊。虽然城市是社
会学习的最佳教材，但是以日本的城市作为教材
却不尽如人意，因为它们太过温吞了。到底还是
处于一个阶级社会啊。

1 【勒·柯布西耶】（Le Corbusier，1887—1965）

　　20世纪影响巨大的建筑师。主张近代建筑可以还原为柱子、地板和楼梯。发表了多米诺系统、近代建筑的五项原则，奠定了现代建筑以钢筋混凝土为基础的格调。

2 【莱奇沃思】（Letchworth）

　　出生于伦敦的社会思想家埃比尼泽·霍华德（Ebenezer Howard，1850—1928）受到19世纪以来的社会主义思想和社会改良主义等方面的影响，从而提出构想，由雷蒙德·欧文·巴里·派克设计而成的世界最初的田园城市。被开发的地区位于伦敦北部5公里处，1903年开始入住。田园城市这个表达的由来，是因为霍华德年轻时担任速记员时居住在美国的芝加哥，19世纪前半期，那里被称为"田园中的城市"。此外，田园中

住宅地的原型，据说受到了弗莱德里克·欧姆斯泰德在芝加哥郊外设计的"河畔"住宅地的影响。

莱奇沃思以"田园与城市的幸福婚姻"为目标，旨在建造能让各种各样的人安心居住、离工作场所近的住所，而并非单纯的卫星城。其特征是：与自然和传统的调和、依靠住户组织的自治经营、从独栋住宅到联排式房屋，以及协

同住宅等多样化的住户形式。对如今的新城
市主义影响深远。

3 【紧凑型城市】

郊外化以及随之而生的汽车普及化进程，加
重了环境负担，致使市中心街区衰退，对于驾
驶困难的高龄人群来说十分不便利。此外，因
为在道路、上下水道、福利和除雪等方面的花
费增加，给地方自治体的财政造成了压力。为
了解决这些问题，抑制郊外化，建筑师们考虑
将市中心的范围紧凑化。然而，现实中的情况
是，这样的开发助长了市中心的公寓建设，越
发促进了对古旧街区的破坏。

4 【福特主义】

20世纪初的美国，由零件的标准化和流水线
生产而确立了批量化大生产以及大量消费体
制。这与福特公司开发的T型福特车有关，
福特公司成为这方面的先驱，因此得名福特
主义。

5 【密斯·凡·德·罗】（Ludwig Mies van der Rohe，
1886—1969）

出生于德国，建筑家。与勒·柯布西耶、弗兰
克·赖特一起被称为近代建筑的三巨头。其建
筑使用钢筋以及清水混凝土建造，墙壁少而空
间宽敞，被定义为不限定功能的自由空间，提
倡通用空间的概念。

6 【魏森霍夫住宅】

1927年，在德国工业联盟的主办之下，在斯图加特郊外的魏森霍夫举办了住宅展。密斯·凡·德·罗成为中心人物，彼得·贝伦斯、格罗皮乌斯等现代主义建筑师们参加了这个展览。没有多余的装饰，建造白色、几何形的住宅，就是所谓的Siedlung，德语是集落住宅地的意思。

7 【莱维敦】

莱维特父子的住宅建筑公司在曼哈顿东50公里处的长岛开发土豆田地。第二次世界大战后，他们初期建造的郊外大规模住宅地，1947年开始入住。之后，新泽西州、宾夕法尼亚州也都建造了莱维敦。参考福特的生产模式，莱维敦将建筑制造也拆分为零部件，以劳动者们流水作业制作各个零部件的方式，使住宅的大规模生产成为可能。普利兹奖的获得者、著名记者大卫·霍伯斯坦将威廉姆·莱维特、亨利·福特，以及麦当劳的雷蒙·克罗克并称为20世纪美国产业史的三大人物。然而，同样形式的住宅鳞次栉比，这样的风景非人性化，因而受到了批判。效仿莱奇沃思进行雷特朋住宅地开发的美国

地域计划协会会员兼城市文明评论家的路易斯·蒙福特，对莱维敦进行了猛烈的抨击。之后美国的住宅地开发大多数都是无计划地向郊外扩展，可以说是类似于莱维敦的模式。

8 【布鲁塞尔世博会】

1958年举办。第二次世界大战之后的首次大型国际博览会。主题是"科学文明与人道主义"。42个国家参与了此次博览会。会议期间，参会人数高达415万人次。

9 【原子球塔】

布鲁塞尔世博会主题展馆的展示。现在仍然屹立在布鲁塞尔西北部的博览会旧址——海瑟尔公园。原子球塔高103米，形状是将铁的结晶构造放大1 650亿倍而来。以9个球体（直径18米）来表现原子，结合处于各顶点8个球体的12条边，以及中心球体延伸至各顶点的8根轴，用钢铁管道连接在一起。管道的中部有电梯可以通行，连接了各个球体。最上部的球体被建造成观景餐厅，可以欣赏布鲁塞尔的城市街道。在其他的球体中，陈列着回顾20世纪50年代的展示。

10 【斯普特尼克危机】

1957年10月4日，苏联成功发射了人类历史上的第一颗人造卫星斯普特尼克号，震惊了美国上下，史称"斯普特尼克危机"。接着，苏联在同年8月，ICBM（洲际弹道导弹）的实验也获得成功。斯普特尼克号卫星的成功发射，意味着洲际弹道导弹的威胁得以实现。在布鲁塞尔世博会的苏联馆中展示史普特尼克号，颇具人气。

11 【美国博览会】（莫斯科）

1958年在纽约举办了苏联博览会，之后的1959年，在莫斯科的索科尼奇公园举办了美国博览会。在乔治·尼尔森和伊姆森夫妇的设计作品为主导的空间中，展出了一般美国民众有能力购买的家电、电视、音响、时尚物品、汽车以及住宅。

12 【厨房辩论】

在美国博览会上，时任美国副总统的尼克松，以及苏联首相赫鲁晓夫行至会场中的样品房厨房时进行的一场辩论。样板房中，各种家用电器和设备齐备。由于一般美国人有能力购买这些，尼克松主张这就证明了相比共产主义，自由主义更具优越性。

13 【《州际高速公路法》】

正式名称是《美国联邦补充高速公路法》。1956年制定。此法律是作为当时美国总统的艾森豪威尔推行道路整改计划中的一个环节而制定的。巨大的州际高速公路网全长约65 000千米，斥资250亿美元。耗时10年，是美国历史上最大规模的工程项目。实际上，在35年后的1991年才得以完工。实际耗资1 140亿美元。完工后的高速公路的总距离是68 500公里。

14 【湖滨公寓】

位于芝加哥，1951年竣工。密斯·凡·德·罗最初实现了由钢铁和玻璃建造的高层建筑。由两座全部覆盖玻璃的29层塔楼组成。柱和梁成为建筑物的承重，不再需要建造外围的耐力墙，因此实现了这样的外观。

15 【菲利普·约翰逊】(Philip Johnson, 1906—2005)

美国建筑师。1930年，任纽约现代艺术博物馆（MOMA）的建筑部主任。1940年起开始在大学学习建筑，设计了玻璃之家等。1980年设计了AT&T大厦等，以复兴近代建筑所失去的装饰性为目标，引领了被称为后现代主义的建筑潮流。

16 【西格拉姆大厦】

位于纽约市，1958年竣工。由密斯·凡·德·罗和菲利普·斯塔克共同设计。是38层高的箱形高层塔式建筑。在当时的纽约，根据规定，占满建筑用地而高层部分变细的建筑并非主流，

然而密斯在建筑用地周围设计了广场，以便应
对这个规定，维持了塔楼的箱型形态。

17 【威廉·怀特】（William H. Whyte，1917—1999）
美国的社会学者、记者。1937年毕业于普林
斯顿大学，1946—1959年任职于《财富》杂
志担任副主编，做了关于郊外市场扩大的连
载。自己住在芝加哥郊外的新型住宅地"森林
公园"，将居住经验写成《有组织的人》（*The
Organization Man*）一书出版发行。此外，他还
发掘了简·雅各布斯，并委托其撰文。著作有
《城市与开放空间》《名为城市的剧场》，编著
有《大都市爆炸》。

18 【简·雅各布斯】（Jane Jacobs，1916—2006）
美国作家，记者。《建筑论坛》杂志编委。居住
在纽约的格林威治村，致力于批判因大规模再
开发和高速路建设而造成的城市破坏，近些年
来，多次被重新评价。著作有《美国大城市的
生与死》《城市的经济学》。

19 【罗伯特·摩西】（Robert Moses，1888—1981）
作为纽约市的建设部长，指导进行了纽约市、
长岛以及威彻斯特的开发，还有高速公路、桥
梁以及郊外住宅地的建设，导致纽约大城市圈
的城市构造发生激变。他拥有着强大的权力，
被称为纽约的"建设者"，与第二帝政时代巴

黎的奥斯曼齐名。悉心参与了1939年和1964
年的纽约世博会,十年如一日地手握大权。

20 【大月敏雄】
建筑史学家。东京大学准教授。1967年生。专
攻同润会等集体住宅的策划史。研究关于从
居住者的角度出发的分化集体住宅的存在方
式。著作有《集合住宅的时间》。

1.3

购物中心化的
世界令人难以忍受

三浦 说起胡志明市,不就是一家五口人都骑在一辆越南摩托车上吗?

荒木经惟近期也在越南摄影,貌似越南有他满意的人体模特。然而,我听说最近越南也规定必须佩戴摩托车头盔了。我朋友在汽车制造公司工作,对于汽车制造商而言,他们当然是想在越南出售汽车,因此一家人骑摩托车的景象开始渐渐消失。这情形着实可悲。如果摩托车都变成了汽车,那么亲密的家人关系岂不是也将渐渐消失?那里明明蕴含着十分绝妙的东西。以自家的公

寓和自己持有的摩托车为主，这种独特的越南景
象将逐渐消失不见。

限　置身于汽车那样巨大的铁块之中，与将身体暴露
在外风吹日晒，感受截然不同。他们所居住的白
铁皮建造的房子，虽然带给人以柔和的身体感
受，但是这些都逐渐被小汽车以及高级公寓所代
替，着实很遗憾。

三浦　确实完全不同。我在胡志明市曾乘坐白色车牌
的私家摩托车观光，心情倍儿棒。如果街道上都
是飞驰的汽车，并不会让人觉得热闹，但是如果
有很多自行车和摩托车，就会让人觉得特别热
闹。如果看不到人的话，就会让人觉得不热闹。

限　果然还是人重要啊。作为生物，能相互看到对方
的样子才是最重要的啊。正因为能看到对方，才
能产生安全感，并且能够确定自己处于群居生活
的生存状态之中，而将自身封闭在小汽车那样的
铁箱子里面，便会处于一种极其不自然的状态。
例如，即使在现在的中国，难道不也是基本都换
成了小汽车吗？其实也逐渐变成了厚重铁板构

造的重型轿车。北京就是如此，即使一端电极再大，即使再非人性化，当街上出现大片的自行车流时，还是能感受到人类城市的姿态，但却依然是由钢铁汽车共同组成的风景，着实令人难以忍受。

三浦 从前，汽车就算是没有空调也照样有人开，现在不仅全封闭，而且是从家中的车库开出来，随后操作电动开关，直接开到佳世客超市的停车场购物，成了一个极其闭塞的空间和容器。现代生活就是待在私宅、私家车或者购物中心里，钢铁和水泥混凝土包围了自己的身体。

然而，进入商场里面的人不还是要走路吗？要是真说起这有什么问题，我也一直在思考如何反驳，隈先生是怎么考虑的呢？

隈 我们将把人封闭的空间称为"圈地"（围困其中）。在这样的"圈地"空间之中，我们虽然可以随处走动，但并不代表这就好，人作为生物，即使在鸟笼中振动翅膀，也不表示（我们）愿意在鸟笼中生活。在美国，无论是主题公园还是城市，都是这样的"圈地"空间构造，只要在其中振翅挥舞就好，形成了一种鸟笼式的社会。那其中的振翅挥舞也有一种完全在演出的感觉，想必人类已经受够了这样的生活。我去美国的时候，在机场也感到一种鸟笼一样令人生厌的氛围，恨不得马上回国。

三浦　都购物中心化[1]了啊。连日本的车站都划出了"车站中""车站周边"等分区，渐渐都购物中心化了。

限　　嗯。我实在受不了美国那个机场。曾经的巴西里约热内卢机场只有一面墙，十分简洁，几乎没有室内空间，仅有墙壁和房檐而已。

三浦　喔，就像是过去的乡间火车站那样啊。

限　　是啊。那样让人感觉心情很好，南美洲原本就是这样随性的开放式文化吧。虽说一面墙壁代表着机场最低限度的保障设施，但除此之外也仅仅是有房顶而已。如今听说已经完全改变了。

三浦　三年前我去过的一个意大利南部的机场也是如此。那是一个几乎完全由水泥建构的小屋，空空荡荡的，令人发毛。

隈　威尼斯的机场也是如此，过去像是寂静的乡间车站一样青涩。

三浦　确实如此啊。

隈　过去在机场下机之后就有乘船的地方，坐着水上出租摇摇晃晃地欣赏威尼斯，然而现在好像阿尔多·罗西的设计，稍微离开一点儿巨大的机场航站楼，空间本身便成了"圈地"一样，必须在那里乘坐机场接送巴士到达乘船的地方。这样一来，之于我而言，威尼斯街景魅力大减，威尼斯也就变得无聊了。威尼斯原本完全是美国式的反命题，原本应该是一个完全没有汽车的世界，但是却建造了这样的一个机场，乍一看有一种主题公园的混乱感。这样说来，迪士尼主题公园也是参考了威尼斯才建造出来的，虽然仅仅走错一步，但却违背了自身，沦落为美国式的街道，像主题公园一样。

三浦　原来如此。

隈　这还是我们所探讨的那方面内容，有一种不知所措的感觉，不知道自己接下来将会置身何处，因此倍感紧张。

三浦　也就是说，在即将开始的故事之前，从序曲开始就有了一种预想。

限　确实如此。

三浦　原本是为了了解未知的文化，结果却倍感无聊。

限　是啊。氛围就像是接下来要被带到主题公园去，上当受骗，大把花钱，相当恐怖啊。或者说好像将要被带去监狱的感觉。到达那个百无聊赖的机场时，类似于这样的氛围。

三浦　机场如果建造得过于美观，就会感觉好像有人在召唤：到了喔，接下来就是威尼斯了，入场费是多少钱等。

限　连河流都翻回头建造了混凝土的护堤，难道不是多此一举吗？机场等场所的相关基础设施建设，就像是一种倒退式的发展啊。将大型机场改造成更小更单调的机场恐怕是没有的事儿。如果接到这样的设计委托，那倒是很有意义。

三浦　确实很有趣啊。应该回归那种到达之后没有屋

顶的机场。飞机到达之后，走下扶梯，吹着风，外
套随风飘动。

隈　　嗯。

三浦　三年前，我到胡志明市之后走下扶梯，与八年前
去那里时相比有一种异样的感觉，之前明明能感
觉到抵达之后双脚落地。唉，可以说这是"胡志
明市之死"啊。

1 【购物中心化】

在同一个建筑设施之内招募多家商户，建筑所有者与各家商户签订契约，从而招揽顾客。

1.4

超越高压式的建筑

三浦　话说回来，所谓建筑无论如何还是个点啊。即使世上有自己的作品，我想也很难从那里开始向周围扩张。从隈先生的建筑开始，按照预期的方向也很难做到改变街道的全貌。为此，对于年轻时的安藤忠雄来说，浜野安宏[1]那样的存在，就像是以你的大厦为中心，想要改变青山，想要改变神户，若是没有这样的创造者，就不可能改变。对于建筑师而言，若是存在某种空虚感，其中一点便是这个。

只是从一开始，虽说是依据城市规划进行开发，但是城市规划本身就是现代化的产物，因此本身就很无趣吧。相反，对于有趣的人而言，还是会从那里终结。

一方面，即使把莱奇沃思那样的理想化街区作为目标形象，美国的新城市主义[2]、"庆典"[3]等或许也是如此，在某种规划之中毕竟还是有边界线的。由于仅仅是在那里建造乌托邦，于是留下了这样的言论：不住在那里的人又该如何呢？

因此，如果我有大约100亿日元的话，我就去做不动产商，但并不是从零开始建造城镇，而是选择已经有一定历史积淀的城镇，这里所说的历史是指普通人居住满五六十年以上的就可以了。对于那个城镇，我会考虑，把那里再改善一下吧，这里再添置些物件吧，我会像这样，就好像一个乐于修缮自家住宅的主人，来开展工作。我不会拆毁旧住宅改建成停车场，也不会再过段时间就改建成公寓，我会保留旧住宅的原貌并且加以活用，做这样的事情才更有趣。也就是说，既不建造建筑，也不进行所谓的城市规划，亦不打造理想的住宅地，而是在现有物的基础上增增补补，从而创造出宜人的城镇。

在这一点上，莱奇沃斯让居住其中的人们长期参与城镇建设，主动参与并进行规划、运营管理等，我认为这着实很好。莱奇沃斯的规划人口是3万人，实际上是最近才达到3万人的。它就是这样一边慢慢成熟一边慢慢建造起来的城镇。此外，我2004年6月去的时候，看见有一座古旧的住宅正在整修，当我11月再去的时候，究竟是哪里整修过了我完全不知道，依然是一个古旧的住宅。整修古旧住宅就要保持其原貌进行整修。也就是说，古旧住宅要保持古旧状态持续使用下去。莱奇沃斯的设计者雷蒙德·欧文的住宅现在作为中学宿舍被使用着。因为这样的做法，在莱奇沃斯，让人完全没有乌托邦式街道的人工感和刻意而为之的感觉，看起来像是以百年不变的面貌存在于那里。这一点应该获得好评。

隈 嗯。我是一定要听一听三浦流的城市设计啊。正如您所说的，城市规划师这种职业本身就是极其近现代的产物，他们的工作就是在某个圈定的框架中，基本上是以白板（白纸）为前提，描绘架空的绘画。只有城市规划师是设计城市的人吗？说起这个，其实还有浜野安宏这样所谓的建造者呢！他们在城市中果真担任了某种角色吗？他们所做的是城市规划吗？难道不仅仅是招揽租户吗？对此，我想进行概括考量。姑且不论浜野先生，所谓的城市建造者，大多数都是阳物性质的人，不是吗？原本，城市规划这种行为就不仅仅是阳物性质的。迄今为止，与城市这个庞然大物挂钩的人，不知为何都是阳物性质的，全都是一些强壮的肌肉男（笑）。与其说是城市的问题，不如说是专业化的问题。城市制造者这个领域，一旦想自律，必须直面以某种程度完成某项规模事务的命运。比起全天进行严肃认真的工作，不如在心仪的地方进行乐在其中的工作，或许可以完成女性化的细致工作，想要专业性的自律，渴求自立，但是无论怎样都困在一种刚强的巨大框架中，所以不得不从事果断创新的工作。这是所谓近代这个时代的宿命。半娱乐性质的优雅的行事方式，渐渐行不通了。女性原理就是与那种优雅性合为一体呐。

三浦　然而，浜野先生的外表和行动都是那种阳物性质的，建造的东西却是女性化的，或者说是生活化的。例如东急手创馆（Tokyu Hands）。他的原点还是京都的锦小路，或是上野的阿美横，颇具生活感。这一点与建筑师不同。他喜欢庶民具体的生活吧。哎，当然了，要说我现在的感觉，我感觉他建造的东西中城市志向都过强了。

相反，安藤忠雄先生若是一眼看上去并非阳物性质的，那反而是一种罪。无论安藤先生，还是矶崎新先生，结果都是以柯布西耶为原点，果然还是喜欢革命的吧。这一方面也是，人口稠密的时代之后，隈先生和我，有着本质的区别，不是吗？用建筑来进行革命，到现在都难以置信啊。然而，因为是革命家，就要破坏旧事物，创造新事物。柯布西耶梦想的，就是"超克"（超越·克服）前近代的欧洲吧？想要回到古希腊时期。他好像喜欢尼采，想要扭转古旧、昏暗、陈旧的欧洲价值。他是工团主义者[4]（syndicalist）吧。像这样革命性的建筑师如今还是有很多，对此我感觉有违和感。无论是前近代还是近代，都并非"超克"，应该是重来、修缮、装饰等，我认为以那种泰然自若的感觉来应对就足够了。就是维护啊。我认为修理之后就可以使用了。对于近代的"超克"来说，这是最危险的思想了。

隈 柯布西耶在艾琳·格雷设计的精美的海边之家的墙壁上强行绘制了自己的画，这彰显了柯布西耶的个性，其中也有着喜剧性和阳物性质的表达。我感到，果然这专业的本质就是阳物性质的，不是吗？我想请问您，这样的话，如果不像三浦先生那样与城市规划和城市相关，该怎么办呢？我是相当女性化的、相当被动的人呐。做设计的时候也很被动，听过很多高端客户的要求之后，才慢慢意识到自己该做什么。应该做不急功近利的事情。如果这个对话能起到社会性的作用，而不仅仅是旁观，就能进行提案，比如"那么，当今的

城市规划能这样做就好了"。这样的话，这本书就
具有社会性的意义了。

1 【浜野安宏】

1941年生。日本商业空间建造者的代表人物。代表作有：神户北野町的玫瑰花园、青山FROM-1st、六本木AXIS、涩谷东急HANDS、涩谷Q-Front、原宿hhstyle等。神户北野町玫瑰花园、青山FROM-1st的规划案，提拔了年轻的安藤忠雄。著作有《时尚化的社会》《人聚集》等。

2 【新城市主义】

20世纪80年代以后，在美国扩大化的住宅地规划思想。产生了对于扩张化的反省：环境负担加重，扩张也助长了地方团体的瓦解等。倡导不要过度依赖汽车，一方面使用铁路、公交车等公共交通设施，一方面在步行范围内建造功能集中的、紧凑的、可持续的街区。特征是：继承传统街道结构，商住两用的用途混合，从独栋住宅到集合住宅，从面向富裕阶层的住宅到面向劳动者的住宅，建造混合型的多样化住宅，培养居民之间的社区意识。1939年，新城市主义大会开幕，采用了确立新城市主义原则的《新城市主义宪章》。代表性的规划者是安德雷斯·杜安伊（Andres Duany）与伊丽莎白·普拉特·兹伊贝克（Elizabeth Plater-Zyberk）（DPZ夫妇），以及皮特·卡尔索普。

3 【"庆典"】

华特·迪士尼公司的相关公司庆典公司（The
Celebration Company），基于新城市主义的思
想，在佛罗里达州的迪士尼世界附近建造住宅
区。1996年开始入住。开发面积约20平方公
里。居住着952户，共2 736人。

4 【工团主义者】

劳动组织至上主义者。批判资本家以及国家
主导式经济。目标是通过团结劳动者，进行经
济运营，意欲通过大罢工等劳动组织的直接行
动，达成社会革命。

1.5

仅是身处其中就
倍感愉快的街道

三浦　可以说，规划本身就是近代性质的。从零开始规
划10年、20年后要建造什么。这是目标实现型
的价值观，是一种选择最恰当手段的行动原理，
就是社会学中所说的工具式行动。与之相对，还
有一种是享乐型的行动原理。也就是说，因为快
乐而活着，因为快乐而工作，因为和一个人在一
起很快乐所以在一起，这样的价值观。城镇、空
间等都是工具，那是因为它们都是功能主义的。
所谓享乐型的街道，是说只要身处其中心情就会
很好的场所。

隈 之前，原广司[1]用微积分的比喻，说过同样的事。
19世纪是浪漫主义时期，大家认为无论怎样，只要构思巨大的东西就是好的。然而，到了世纪末，数学家黎曼任职教授时发表了演讲，他说："今后必须注重小事情。"他所说的那个小事情，用数学语言来说，就是指高斯和雷曼所追求的微分那一类的东西。照原先生所说，他自己和矶崎先生——作为第二世代的建筑师——与19世纪的浪漫主义者相同，喜欢大策划，用现在流行的话来说，就是无法摆脱工具式的思考，而隈先生是着眼于小事物、小现象来建造建筑，就是黎曼式的，很有趣（的角度）。顺着这个趋势，这种微分式的思考方法，说不定会变成享乐型的事物。确实，在19世纪的欧洲，前半期是工业革命技术万岁的时代，与之相对应的，是浪漫主义的远大志向，以及工具式的思考方法。到了后半期，就进入了常见的世纪末的颓废、成熟期，不得不说黎曼是与之抗衡的。即使是20世纪的日本，同样，或许可以说是时代的空气转换了。

三浦 是的。与那个人在一起的话能赚到钱，因此在一起的关系是工具式的。我认为，无论是自己的屋子，还是所处的城镇，都是享乐型的东西比较好。我的事务所，之于我自己而言，是待着极其舒服的地方。来拜访的客人也会说想一直待在那儿。如果就那样一直待着的话，我觉得应该准备咖啡并且收费，但是一直没能实现呐（笑）。偶尔因为工作而来，那么在那儿待着会极其舒心，这样想好像很有趣啊。这很难（做到）。如果想把享乐型的东西用于工具式的东西上，一眼就会被看破。

此外，享乐型生活方式的本质性问题就是，正因为它不是工具式的，要怎么做，享乐型的生活方式才可行呢，这并没有一般性的技巧和方法。若是示范方法的话，那就变得不是享乐型了。有人会说和这个人待在一起很快乐，如果有技巧的话，倒不如说是一种嘲讽。

只是，我自然而然地觉得，享乐型的生活方式确实是通过积累小事实现的，靠大张旗鼓地修路和建造大厦是无法实现的。之于我而言，我不喝塑料瓶装的茶饮，也不喝灌装咖啡，我会自己烧水泡茶、冲咖啡，我也不听CD，只听LP唱片。我认为，反复进行这种模拟化的行为方式，与享乐型的生活方式紧密相关。作为解决润喉问题的手段，塑料瓶装的茶也可以喝，但是如果要乐在其中地享受喝茶这个行为本身以及要本质性地享受听音乐这个行为，便不得不自己费点儿功夫。考虑到如何了解自身，以及自己的内心如何才能得到满足，那么就不得不这么做。

那么我们还是回到关于城市的话题上，正所谓城市这个事物，并非靠大张旗鼓地修路和建造大厦就能造就好的街道。虽然那些也是有必要的，但是如果不积累小事，那也不可以。住在大杂院的老奶奶在家门前摆摊卖盆栽，住在山手的夫人们早上在家门前的道路上用扫帚扫地，如果没有这些一件一件与生活息息相关的小事件，就不能造就好的街道。说到杉并，我觉得有很多主意正、爱说三道四的居民，虽然不是很喜欢他们，但是街道还是很不错的。我发觉，在那里我们所说的小事正在积累着，也几乎没有大型商业设施。

隈　说起杉并，我就想起了修道院。在下高井户的住宅地的正中央，有一座天主教堂。高中的时候，我在那里参加过一个四天三夜的修炼会，进行以默想为名的沉默练习。住宅地的中间突然出现像监狱一样的高墙，那里开着通用出入口，仿佛从现实的住宅地一口气瞬间移动至西班牙的古老修道院一样的设施之中了。

四天，在那里一言不发，只聆听神父的说教，自己完全变成了不同的人啊（笑）。那样崭新的自我，一看到杉并的小巷子，倍加感动，那正是三浦先生所说的小巷子的盆栽场景……焕然一新的我，摒弃观念性的自我，用现在的逻辑来说就是规划性的自我。我决定，积累实实在在的小事，好好生活（笑）。

1 【原广司】

建筑师。1936年生。1964年东京大学硕士毕
业。现在主管"原广司+Atelier Phi"建筑研
究所。20世纪70年代奔走于世界各地进行集
落调查。运用其经验构筑了独自的城市理论,
设计了JR京都站(1997)、札幌巨蛋体育场
(2001)等作品。

1.6

柯布西耶的深层心理

三浦 之前说起过白板（拉丁文：Tabula Rasa），像田园城市或者新城市主义的住宅地最初都是白板。无论是莱奇沃思、雷特朋[1]，还是乡村住宅[2]，最初都是白板。莱奇沃思受到基督教流派贵格会很大的影响；心灵主义也对怀特有一定影响。因此，这与杂乱的城市完全不同。莱奇沃思建成的时候，报纸上还登出了讽刺画，莱奇沃思的居民看起来就像是当今所说的嬉皮风。他们不穿西服和皮鞋，而是穿着罩衫和凉鞋。也就是说，那是一些想要回归自然、追求自然农法、信奉素食主义这一类思想的人聚集在那里。当然，这些人数量是很少的，但是乍看起来好像这个自治团体只聚集了这样一类人。在这层意义上，这被认为是一些人持有极其有限思想的白板。

正因为这样，雅各布斯一方面批判柯布西耶的近代城市，一方面批判田园城市。雅各布斯在《美国大城市的生与死》中说，无论是田园城市，还是柯布西耶的闪耀城市，都是一回事。她还写道："柯布西耶只是对田园城市的印象进行了浅显的消化，将之创造成更为高高在上的东西。并且进行了说明，他说"自己所创造的'闪耀城市'为田园城市提供了某种可能性……解决对策于《垂直田园城市》可见。"（黑川纪章译）

无论是柯布西耶，还是田园城市，都厌弃杂乱的城市。然而，我认为现在这个时代应该对没有高楼大厦，也没有田园城市的城市，进行再评价。我不知道柯布西耶为何那般厌恶巴黎的街道，读了他的书之后，不知为何他对巴黎的旧建筑和复杂的街道也极其厌恶。他出生在拉绍德封——一个为瑞士钟表工厂而建造的人工城市,我想这或许就是他的"原风景"吧。在20世纪建造郊外住宅地之前,19世纪世界各地都建造了工场城市,这些城市是以生产效率第一优先的原则被建造出来的,这也正是柯布西耶的原点。

隈　然而,柯布西耶自身发生了看似微妙而实则非常大胆的变化。他从瑞士的乡间到了巴黎,像是从他有心病的地方开始出发。那时候,关于否定巴黎,他感到,从否定巴黎的杂乱和复杂入手是最直接、最合适的。何况他是否真的厌恶繁杂这很难确定,他年轻时在阿尔及尔的街道十分放荡,也曾流连于妓院。然而,他首先开始战略性地批判繁杂的城市,要在巴黎这个300万人口的现代城市[3],大肆建造超高层建筑,绘制无机城市的图景。历史学家肯尼斯·弗兰姆·普顿指出,柯布西耶在1935年前后开始发生微妙的质变。

三浦　弗兰姆·普顿的著作《现代建筑史》的译本最近出版了。原来如此,写了相关的事情吗?

隈　以建筑设计的角度来说,从那时起,他渐渐摒弃

了萨伏伊别墅[4]所代表的使用了纯粹几何学的
"白房子型"，开始转变为像自然石一样的，使用
粗糙素材的有机形态的设计。说到城市规划，在
1935年捷克兹林的项目中，开始挑战既存的地区
与新附加物的融合。然而，谁也不关注这个某种
程度上女性化的、折中性质的城市规划，而且很
快就会被遗忘。在那之后，他的城市规划，像印
度昌迪加尔的规划（1951年）那样，在沙漠中铺
设网格，在其上建造不知道是雕刻还是建筑那样
纪念碑似的，又感觉像是阳物形态的东西。虽然
这是最有名的作品，但它是暴力性质的，从完全
竣工时开始，有些地方就好像废墟一样，自身的
意图揭示了阳物性质事物边缘的空虚性。其中也
显示出他本质上的杂乱倾向，以及复杂的自我否
定，但反而比初期的绿色城市规划更有魅力呐。

三浦　是啊。

隈　柯布西耶的徒弟奥斯卡·尼迈耶所负责的巴西利
亚城市规划也是如此，实际上实现了某种阳物性
质的规划。规划难以表现的杂乱性在余白部分自

发式地孕育出来，由此可见阳物性质事物的悲剧性，但是对我来说却很有魅力。柯布西耶之流相当暴力的形态，只能在印度和巴西利亚严酷的气候中风化。在纪念碑形态建筑物的远端，建造了连临时木板房也算不上的粗糙玩意儿，感觉正逐渐侵蚀着柯布西耶阳物形态的作品。由于过于严酷的自然环境，加之难以搞定的居住者，二者共同风化了阳物性质的计划，使之归于尘埃，却不知为何成了很有魅力的场所。我最无能为力的，就是20世纪官僚阶层着手负责的半吊子阳物性质的城市规划。所谓新城镇，大致就是这样。然而那是戴上了名为科学的安全套的阳物，因此什么也无法孕育，相当寂寥。

柯布西耶从1935年开始，面向有机性的方向行动，朗香教堂（1955年）完成之时，世界为之一振。20世纪的媒体，在这样极端的事物出现之后方才发出"啊"的一声惊叹。柯布西耶手头没工作的时候，开始担任《新精神》杂志⁵的主编。他十分了解20世纪的媒体构造，因为他是极端的战略行动派，周遭无法追随，因此只能看他显摆。

三浦　为什么他在1935年产生了那样的变化呢？

隈　他建造了萨伏伊别墅那样极致的纯粹主义建筑，难道他不觉得照这样继续下去很难吗？那也是一种极端性，从地面浮游而起，创造出完全逃离了所有拘束的几何学，不是吗？与人们的细微生活没有关系。我认为，基于此的纯粹性以及无臭无味，是没有前途的。

三浦　已经实现了吧。

隈　他被住户投诉了。有人说不愿意再住在那个家里了。被投诉的柯布西耶，委托好友爱因斯坦对住户说这房子特别棒，这个问题并非如此吧（笑）。难道在1935年左右，他在这个层面上的挫折感与成就感不会交织而生吗？

三浦　在那之后他活了十余年，具体的影响正是在20世纪50年代，我认为在日本是20世纪70年代以后才明确体现出来，对此他是怎样看待的呢？

隈　柯布西耶在建造上野的国立西洋美术馆[6]时也是，他意欲建造一个出乎意料的事物。日本方面正式委托他设计的时候，他最初一直不肯见面，后来又附加了希望一分为二的条件，他说"如果能做到这个地步，我就给你们做"，提出将整个公园做成文化中心一样的计划，结果日本政府不接受。我认为，他本人对在萨伏伊别墅铺石子那样细小的活计十分不满。对于柯布西耶而言，他很早就想超越萨伏伊别墅的水平，所以一直在物色更让人出乎意料的地点。

他因此建造了昌迪加尔，虽然是具有阳物性质的相当阳刚的计划，但因为不合理的构想和不合理的计算，加上人的构想本身的不合理性，在那之后，印度人一下子在下面建造了很多临时板房，于是看起来瞬间就废墟化了。在强烈的日光与风土之下，废墟化的进程逐渐加剧，令人感到那个阳刚的建筑逐渐生锈，依我看来，只能当作柯布西耶已经预想了废墟化。然而，在日本如果要建造柯布西耶流的东西，日本人绝不会使之废墟化，而是十分稳妥地好好建造不是吗？建筑本身的建造也要防止老化，在那下面谁也不会紧凑地

建造临时板房，因此，看到这样的情形，我想柯布
西耶多半难以忍受吧。

三浦　啊，是吗？我对柯布西耶的批判不太了解，这难
道不是相当少见的观点吗？

限　　是的是的。美国那个联合国大楼[7]也是，柯布西耶
中途与高级客户产生了争执，确切而言是美国的
权力中枢洛克菲勒家族，美国方面不会让他阳物
性质的计划废墟化。在美国的"卫生"氛围中，为
了不让他自己所持有的几何学腐化，不让其人性
化，他感到了一种以冰冷的几何形式那样残留下
来的危险情形，因此他罢工了。我想，柯布西耶
本性中的官能性以及杂乱性之类的东西逐渐显
露，深究的话，在美国，中途罢工是他蓄谋之事。

三浦　啊，是吗？他说美国人懦弱，之后就腻烦了而归
国。回国后，他写下了《当大教堂为白色的时
候》一书，限先生所说的不正是很新颖的解释
吗？正是柯布西耶的深层心理啊。

限　　联合国大楼，结果，20世纪的美国所建造的洛克
菲勒的卫生主义（作品）与柯布西耶果然格格不

入（笑）。

三浦　从柯布西耶那里能感受到包含着希腊、北非以及阿拉伯世界的地中海文化吗？

隈　无论是他夫人，还是据说是他情人的约瑟芬·贝克[8]，一直以来全都是地中海式的、南部的主题。

三浦　那座萨伏伊别墅的白色也是，看起来像是将地中海风格的住宅紧凑化的设计，到底不是盎格鲁-撒克逊的风格呐，呈现出地中海的商人和吉卜赛人的印象。

隈　那个地中海式的东西直接放到太阳弱的北方去，白色就会过于强烈，心情就会变得很差吧。地中海的话，无论是太阳，还是海的盐分都不断朝着废墟化施加矢量，而后与那个白色的大教堂相抗衡。我上周去了马略卡岛和米诺岛，在那里我接受着日光暴晒，我自己本身也废墟化了，通过那种盐分和阳光的破坏力，我才开始理解柯布西耶。然而，实际上20世纪的建筑史，是处于高纬度的近代国家，将那种地中海式的东西，改造为不老化的卫生主义，并且扩大再生产，因此不得已成为令人厌弃的事物。

三浦　原来如此。感觉像是瑞士人在地中海来回旅行
　　　得到了不可小觑的启发。

限　　柯布西耶，自己母方的祖辈是法国南部的雨格诺
　　　派教徒，虽然不知道真假，但是他捏造了自己内
　　　心的地中海性质，并且对此坚信不疑。

三浦　啊，果然还是有一种情结啊。

限　　或许可以说地中海式的事物在20世纪最初的时
　　　候相当有力。保罗·瓦雷里也出自科西嘉岛，尼
　　　采也憧憬着地中海式的事物。他们从19世纪的
　　　先锋——英国工业革命所象征的人工化事物，以
　　　及支配着19世纪的北方浪漫主义中抽身，并以此
　　　为契机，在20世纪初追求地中海的不确定性。

三浦　倒不如说是逃脱了钟表工厂的城市。

限　　瑞士的钟表工厂恰好象征着19世纪到来之后人
　　　工性渐渐发展，以及人们的窒息感。

三浦　所以柯布西耶喜欢尼采啊。其文章正像是尼采
　　　本身，酷似尼采的诗一样的文体。

限　　那绝对是尼采啊。

三浦　因为尼采也是瑞士巴塞尔大学的教授。从地图上来看，巴塞尔离德拉绍封很近。柯布西耶与尼采有亲近感，或许也有这层缘由。然而，我感觉隈先生关于柯布西耶的解释十分新颖。

隈　虽说是个很随意的解释。

三浦　难道不好吗？而后，柯布西耶与画家雷捷交往颇深，他也很喜欢约瑟芬·贝克，而且他的绘画颇具原始形态。在森美术馆的"勒·柯布西耶"展中，我看到了他工作场所的再现空间，让人有微妙的心情舒畅感，并不是单一的现代主义。不，可能正因为是现代主义的，所以才被原始性所吸引的吧。

　　还有，喜爱柯布西耶并且建造了六本木之丘的森稔[9]先生不知有什么想法？他说这一回要在地下建造城市。

隈　德国、美国，或者日本，这些居住在高纬度的人，为何会仰慕与自己所在的地域无关的柯布西耶，或许是因为尼采的地中海主义时至今日仍然余韵犹存。20世纪的历史，从这层意义来说，可以

说是逆转了19世纪北方主义的历史，说不定最后
　　　到来的是六本木。

三浦　而后，出人那里的人是吸食毒品、依靠即日平仓
　　　交易来吸金的早稻田学生。

限　　尼采的末裔。

三浦　这样的话，高地的景象必定变得很差。

1 【雷特朋】

1928年，在曼哈顿西30公里处，新泽西州的费阿隆市建成的住宅区。设计方是受到莱奇沃思影响而成立的田园城市协会以及美国地域规划协会的成员。为了应对当时增加的汽

车交通事故，而采取了人行道与车道隔离，作为首次实现了"步车分离"的住宅区而闻名。住宅被宽敞的草坪包围，孩子们走出家门不用上道路，穿过草坪就可以去学校或者游泳池，被誉为养育孩子的理想住宅区。

2 【乡村住宅】

位于加利福尼亚州戴维斯市的可持续社区。由迈克尔·科尔伯特以及朱迪·科尔伯特夫妇设计。从提倡新城市主义那时开始，以环境共生及社区的重要性为中心进行开发。1957年开始入住。也参与了新城市主义规划家们的共同宣言"阿瓦尼原则"（The Ahwahnee

Principles，1991年）。因此，广义而言，它也属于新城市主义的住宅地。占地面积28公顷，其中9公顷是果园、绿化带、公园等公共用地。居住着255户人家。从60平方米左右的连栋住宅，到280平方

米的独栋住宅，以及9个房间的集体住宅等，多种住宅形式混合而成。住宅大多数都是太阳能房屋。排水沟也并非混凝土材质，而是像自然的小溪一样。

3 【300万人口的现代城市】

1922年，柯布西耶在巴黎世博会发表的城市规划案。批判当时低层过密的巴黎，构想在郊外的田园城市地带，办公楼群与周围的集合住宅，以及包围着它们的田园城市，建造能容纳300万人的巨大城市。

4 【萨伏伊别墅】

位于巴黎郊外。1931年竣工。勒·柯布西耶设计。此别墅巧妙地实践了柱、屋顶庭院、自由的平面、水平连续窗、自由的立面等近代建筑的五项原则。建筑平面是由4米×4米的柱间距构成的正方形。

5 【《新精神》杂志】（*L'esprit Nouveau*）

勒·柯布西耶与画家奥赞芳，以及诗人保罗·戴尔迈一同在1918年创刊的综合艺术杂志。不仅涉及艺术与建筑，还涉及科学、哲学、经济以及运动等方面。

6 【国立西洋美术馆】

位于东京上野公园，1959年竣工。勒·柯布西耶设计。1954年来到日本的柯布西耶进行了多日的现场考察后归国。之后，以他传送的基本设计为基础，由他的弟子前川国男、坂仓准三、吉阪隆正共同实施设计，他担任监理人。

7 【联合国大楼】
位于纽约市。1953年竣工。由巴西的奥斯卡·尼迈耶、美国的华莱士·K.哈里森，以及法国的勒·柯布西耶等11人组成的建筑师团队共同设计而成。原设计方案由勒·柯布西耶提出。最终采用了以设计负责人哈里森为主，以柯布西耶的弟子尼迈耶的设计方案为中心的综合设计方案。

8 【约瑟芬·贝克】（Josephine Baker，1906—1975）
出生于美国的黑人舞蹈家。凭借大胆的裸体和舞姿，在20世纪20至30年代的巴黎风靡一时。1929年，柯布西耶在从南美洲回国的船上与贝克相遇，描绘了贝克的裸体舞蹈。

9 【森稔】（1934—　）
森大厦（集团）的董事长兼总经理。展开了以城市中心为主的不动产及土地开发。近年来致力于六本木之丘等，将再开发地区的低层建筑物集约为高层大厦，践行了通过招募租户从而抬高土地价格的手段。

1.7

城市的快速风土化

隈　　以前我提到过关于"城市的护送船团"的话题。也就是说，为了避免日本的城市某处出现腐朽，为了避免发生犯罪事件，为了避免贫民窟化，所以一直以来全部采取护送船团的方式。虽然这是日本的城市政策，但美国不是早就取缔了护送船团制度吗？例如，哈莱姆区原本是作为高级住宅地被开发的，但是计划被终止了。19世纪末开始，城市的某处令人无可奈何的场所不断滋生，一旦如此，就痛快断念了。

因此，无论是SOHO，还是何处，这些一度令人无可奈何的地方，虽然危险但是却便宜，艺术家也会居住，有趣的人们也开始使用，就像循环往复着"死与再生"，那里也开始出现怀揣着坏主意的建造者。最近我发觉中央线沿路也开始呈现出这样的苗头，有些地方因为市中心的大开发变得危险而糟糕，价格暴跌而后重生。我想，这种像轮回一样的境遇不正是城市的本质吗？

三浦　确实如此啊。是轮回啊。正是因为从进步史观的角度出发，迄今为止的城市政策都是以线性的时间感行至今日。进步终结之后就会开始轮回，也就是说进入了巨大的循环再利用时代。

　　　还有，因为美国人是清教徒，从他们的角度来看城市是被神灵抛弃的所在，腐朽而难以为继，我认为实际上是他们并非那么喜爱城市吧。因此他们躲避到郊外去了。当那里的非白人多起来之后，他们又逃跑到其他郊外去。因此，在城市，比起盎格鲁-撒克逊系的国家，到底还是拉美系的国家更乐在其中。

　　　日本人乍一看好像清教徒，可以说对于郊外，他们怀有像清教徒一般的憧憬，同时，日本人相当文雅大方，即使听说因为六本木的巨大再开发引致了毒品，考虑到六本木一带的状况，他们认为这也是必然的事情。

限　那正好是朝着土地背景的正统回归啊（笑）。

三浦　我也这么认为。如果想让不使用毒品的人居住，那么在目白附近建造公寓比较合适。六本木本来就是危险人的街区，所以没什么可大惊小怪的吧？日本人是不会因为这点儿事情放弃城市的。

我写过一本书叫作《成人东京散步指南》，其中写道，好的街道是可疑的。在这一方面，原本的花街柳巷绝对是好的。无论是神乐坂、根津、汤岛，还是门前仲町，全都是花街柳巷，正是因为有了妖媚气息，才有了出售美酒的店铺，江户人以及从前的东京人，认为街道就应该如此。

正因为此，再开发的城市渐渐像郊外的新城镇那样变得整洁，这对于城市来说十分矛盾，由于这样，城市变得无聊了。像町田和柏这样的郊外车站前街也产生了看似十分有趣的逆转。这一代人会说市中心很无趣、令人反感，已经不想去市中心了，说不定以后也会建设郊外呢。

市中心所遍及的地方被再开发，高层公寓也增加了，难道不是变成了全都一样的街道吗？无论五反田、武藏小杉、晴海还是中野坂上，全都一个样，租户入住之后都是同样的荞麦面馆和炸猪排店。完全没有了城市感啊，变成了乡间的大型购物中心。因此，我将这种现象称为城市的快速风土化、城市的离子化。

隈　这种城市的离子化，日本发展得最为迅猛。因为即使逃到郊外去也没有土地，所以没有舍弃城市，而是加以活化，强制性活化的结果就是城市的离子化。

然而，在北京，大约有数十公顷都是六本木之丘级别的开发，数一下的话或许会更多，但基本上都不一致，不是吗？因为规划十分拙劣（笑）。

然而，日本人十分认真地进行规划，若是以如今的经济条件或是市场营销来衡量，结果都是一样的。将同样的结果，既运用于品川又运用于大崎的建造，因为结果的一致性，之后似乎反而造成了致命性的悲哀。

无论上海还是北京，(规划)都很拙劣。因为加入了很多偶然性的东西，导致在每项开发中也带来了噪声，所以在我看来，我会有这样的感觉：为什么会通过这样的提案呢？如果是日本，因为加置了多重屏障，噪声绝对不会穿透出去，感觉像是在没有噪声或是杂菌的地方完成的。

三浦　日本酒也是啊。最初我认为纯米大吟酿是最好喝的，喝了很多酒，最后还是回归到了本酿造。有杂味，但是相当有味道。

隈　　中国的白酒，因为是蒸馏酒，虽然有异味，但是很好喝啊（笑）。

三浦　还有，再开发的方式本身，看上去技术好像是提升了。西新宿经过了将近40年，还是完全没有融入，一直都是人工化的感觉，这是行不通的，想看起来像MM21一样有成熟感还为时过早，不是吗？品川的再开发也是如此，或许是恰到好处地种植了树木的缘故，并不像西新宿看起来那样人工化。这样就会让人感到技术提升了。因此，只要不那么故意刁难，就会认为这还是不错的。然而，如果仔细观察，全都是相同的。像西新宿那样人工性强的建设，是绝对会招致非议的。所以不动产界给出了最合适的方案——环式建设。

1.8

回归开怀感

隈　西新宿规划不齐整，这着实奇怪啊。住友大厦
（三角大厦）究竟为何要修建成这样呢？那是日
建设计（事务所）的建筑师林昌二[1]的设计，他是
清家清[2]的弟子。清家清是一个有趣的人，他是大
学教授，也是位大师，但是作品中却洋溢着现代
主义初期新手的拙劣之处。自己的私人住宅也是
这种概念，因为现代主义的本质是共享空间，所
以他家的洗手间连门也没有。他这个世代是把现
代主义当作玩笑接纳的啊。

三浦　玩笑？

是的，玩笑。不给洗手间装门，究竟是当真的还是玩笑，我们不得而知。无论是演讲还是上课，他都会讲黄段子和笑话。最好是去看一看清家清的住宅。窗户的开闭方式是"嗖"的一声钻入地面。密斯在捷克的布尔诺市建造了图根哈特别墅[3]（Tugendhat），住宅的门窗全开时，会全部进入地面中，清家先生在日本照猫画虎地制作了同样的东西。虽然姑且大致算是没有曲折地"嗖"的一声进入地面，但是比起密斯那时捷克的工业水平，日本的水平还是很低的，极其稚嫩，也难怪那是一个令人发笑的好住宅。

林昌二就是继承了那种玩笑感的人，住友大厦也是，没有基坛[4]的正三角形扎在地面上，进到里面之后突然有一种"车站商业街"的感觉，感觉来到了朴素的商业街。作为购物中心，又缺乏最基本的洗练，突然出现这么一个特别不讲究的购物中心，外表看起来像是三角形平面的超现实的纯粹现代主义，极其不平衡。那就是清家先生遗留下来的难以言喻的感觉，然而大家却没有不平衡感，仅而全都成了大企业优等生的答案范本，我感觉东京越发不宜居住了。

三浦　我也不是专业人士，一提到清家清，就感觉是三高的、伟大的建筑师。然而，听了这些之后，感觉他和现在的塚本由晴很接近吧？

限　塚本正是清家先生在东工大的正牌弟子。那种玩笑感啊。

三浦　那种玩笑感。是啊（爆笑）。或许应当以那种玩笑感重新考量日本的建筑师。摒除了神话性。貌似大家都是以那种耿直在做事呐。

限　城市或者建筑，本来就是那样的东西。

三浦　确实，一般人都是笑看建筑的吧。大约有一半人如此。

限　嗯，我认为确实如此。

三浦　在这样的地方做着这样的事情，确实很有趣啊。

限　果然瓦尔特·格罗皮乌斯[5]的建筑是以玩笑感淡薄的德国人的感觉建造出来的，所以存在令人难以忍受之处。虽然格罗皮乌斯是包豪斯[6]中最卓越的人物，但是难以令人发笑。柯布西耶的建筑中包含着玩笑感以及猥琐和繁杂，这一点得到了拯救，但是通过格罗皮乌斯被移植到了哈佛，这就成了悲剧。那是因为猥琐和繁杂，以及玩笑感全都经过了德国式的洗礼而被移植到了美国。这是与美国的技术互相结合之后，一举在世界范围内扩大了再生产。因此，格罗皮乌斯看到清家先生的住宅之后，因为那里存在着自己所没有的东西而倍感喜悦。然后他就邀请清家先生去哈佛。因此清家先生去哈佛待了一年，然而在哈佛他的玩笑感是不通用的，所以他很快就回国了。如果清家先生在沟通方式上更擅长一些，如果那种玩笑感在美国通用的话，我揣测，那岂不是美国的建筑也要发生改变了？

三浦　那是什么时候的事情啊？

隈　　19世纪50年代。在清家先生的住宅完成之后，格罗皮乌斯到日本来参观清家住宅。

三浦　参观之后，他会想，这是当真吗？这家伙尚且不理解现代主义啊，对于日本人而言太勉强了，等等。这样解释的话，看来建筑是相当有人情味的东西啊。

1 【林昌二】

　　建筑师，1928年生。学生时代开始设计住宅，
1953年加入日建设计公司。以主建筑师的身
份，设计了银座的三爱梦想中心（1962）、面
对皇宫而建的宫边大厦（1966）等东京的地
标式建筑。

2 【清家清】（1918—2005）

　　建筑师。大学毕业后在海军从事造格纳库的
设计。战后设计出的住宅，在西洋的现代主
义建筑中融合了日本的屏风和榻榻米等日本
要素。显示了战后混乱期的住宅模式。代表
作是森博士住宅（1951）、齐藤助教授的住宅
（1952）。

3 【图根哈特别墅】

　　建造在捷克的布尔诺，1930年竣工。密
斯·凡·德·罗设计。此住宅建筑应用了"布鲁
塞尔世博会德国馆"的设计理念。室内家具也
全部由密斯本人设计。起居室面向庭院并全
部安装整面玻璃，玻璃板被设计为可全部收纳
于地下。

4 【基坛】

　　建筑物的土台部分。原本是作为建造寺院或
者社寺建筑的基础，将石块堆积而成，现在是
作为公寓和高层大厦的底部而建造的造型性
质的附加物。

5 【瓦尔特·格罗皮乌斯】（Walter Gropius, 1883—
1969）

德国建筑师。1934年，为躲避纳粹逃命到英
国。后应邀到美国哈佛大学任设计研究院教
授和建筑学系主任，培养了菲利普·约翰逊等
引领美国建筑的建筑师。代表作是包豪斯校
舍（1926）。

6 【包豪斯】

1919年，在德国魏玛建校的美术院校。格罗皮
乌斯任首任校长，施行理性主义、功能主义的
艺术教育。密斯任校长期间的1933年，因为
纳粹的原因闭校。亡命的密斯将其教育活动
传播到美国。

1.9

辛德勒私宅的"三低"魅力

限 在20世纪扩大再生产的,与其说是包豪斯或者说
是柯布西耶,不如说是在包豪斯的德国流派中被
洗练的现代主义。即使是在20世纪前半叶的西
海岸,也存在着鲁道夫·辛德勒[1]和理查德·纽特
拉[2]这样颇具对比性的建筑师。两人都来自奥地
利,都在维也纳学习过并受到了阿道夫·路斯[3]的
影响,又几乎是同时去了西海岸,但是辛德勒更
为放荡不羁,他连穿衣服都是嬉皮士风格,并且
住在自家屋顶上践行着实验性的生活。若是让我
举一个例子说明全世界我最喜爱的住宅,那我会

辛德勒私宅 1922
辛德勒夫妇与友人乔伊斯夫妇两对夫妻的私宅兼工作室。
位于加利福尼亚的西好莱坞。
(图: Allan Ferguson)

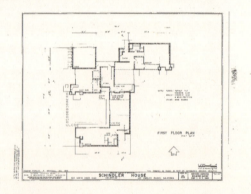

辛德勒私宅 平面图
(作者: Stanley A. Westfall)

说是辛德勒的私宅，这足以显示我对它的喜爱程度。辛德勒私宅的混凝土嵌板，并不是工厂制造的20世纪式的预制混凝土，而是在现场的地面上，在模板中哗哗地现场浇铸而成，就像是在沙漠历经日晒的原始砖瓦房那样的建造方式。因为那样一块嵌板的大小将决定高度，因此即使是平房也相当矮。由于低矮的轮廓，导致院子和室内的地板一下子连成一体，感觉就像是日本木造的旧房子。真是三低啊（笑）。就好像是把马粪纸那样的玩意儿处理了一下，他就睡在屋顶上面了。屋顶是陆屋顶[4]，在那里添加了木框布置成类似寝室似的空间。之后搭上帐篷，然而因为睡不着，中途还是放弃了，回到房子里面去睡觉，这一点也很好笑。

三浦 正因为这样，我立刻从亚马逊网站上邮购了辛德勒的作品集，看了之后我感到，啊，原来如此，这个私宅确实非常轻快啊，即使对于当今的日本年轻人来说也很讨巧。啊，有些部分好像隔扇一样。这个是和风的呐。窗户也是推拉式的木框玻璃呐。确实啊，房顶很低。完全是日本式呐。这确实是隈先生喜欢的，我也想住。这要是自己的事务所就好了啊。

隈 是吧。纽特拉和辛德勒，最初是辛德勒建造了很多有趣而自由的建筑，但是后来就无望了呐。周围的人都说，纽特拉有一种奥地利的军人气息，是个紧绷的人，作为一位典型的成功人士，他建造的建筑规模越来越大。

三浦 看照片，还真是有军人风范啊。

隈 他建造的东西也与辛德勒那样游戏式的风格完全不同，可能是因为他无论是人品，还是建筑，都是严肃紧绷的，因此他接到了越来越多的大项目委托。

最具决定性的是，在纽约的现代艺术博物馆举行国际样式展[5]时，只有纽特拉的作品被选中了，辛德勒的作品则落选了。担任企划者的拉塞尔·希区柯克[6]和菲利普·约翰逊二人组商量之后，辛德勒才落败了，多数西海岸敷衍了事的人都落选了，纽特拉这样照本宣科的人则通过了。能不能在这次博览会被选中，完全划分了人生的明暗，纽特拉不间断地设计了大型学校和医院，辛德勒一生都是狂放不羁的，一直都在建造小的住宅，上了年纪之后也日渐疲惫了。

三浦　基本都是三低的啊（笑）。

限　因为他也特别喜欢日本吧。我曾经问过一位在伯克利大学研究辛德勒的教师：辛德勒是来日本学习过吗？他回答说：一次也没来过，大概是因为没有钱来吧（笑）。果然，在20世纪的美国，过滤之后留存下来的是纽特拉式的东西、格罗皮乌斯式的三高化的东西。

三浦　实现了批量化生产，感觉到处都能建造出相同的东西。

限　看起来，纽特拉的建筑完全零件化了。当真有没有被零件化没有关系，看起来被零件化了，这才令人生厌。

三浦　我渐渐理解，为何限先生最近更加重视建筑建造的场所性和那个地区的固有素材。柯布西耶大约从1953年开始，也有了这样的变化。

隈　作为那种伪工业化的反命题，在20世纪80年代的西海岸，弗兰克·盖里出现了。真正展示西海岸休闲自由的作品，作为相对于东海岸的反命题，必须等待盖里的出现。盖里出现的时候，菲利普·约翰逊评价说："MOMA的展览会选择纽特拉或许是错误的。"这大约是展览会之后的60年左右，太迟了（笑）。

三浦　颇为长寿啊。

隈　说到长寿，虽然跑题了，我想说邀请密斯去设计西格拉姆大厦的菲利斯·兰伯特[7]，西格拉姆的女儿，如今依然健在。西格拉姆家族没落后将西格拉姆大厦转手，好像是以极低的价格出售的。说起西格拉姆大厦，有很多诸如毕加索壁毯等的大牌艺术品在建筑中，就那样一起连同这些艺术品以极低的价格卖掉了，所以艺术品评论家评判说：真是白痴啊。

三浦　夏洛特·贝里安[8]出了自传，他很长寿，前几年刚去世，令人震惊啊。

隈　就在不久前。据说是柯布西耶的女朋友，才刚刚去世。

三浦　是啊。但是会觉得好像是很久以前的时代，突然就发生了剧变。

限　加利福尼亚持有对于东海岸即正统的美国式事物的反命题，因此弗兰克·劳埃德·赖特[9]也逃往西海岸。难道不是因为先出现了很多关于女性的麻烦事，才逃到西边去了吗？之后，辛德勒也很向往赖特而进入了赖特的事务所，赖特给他打下了烙印：没见过这么不起作用的人。

三浦　起不到作用。挺好啊（笑）。

限　然而，辛德勒在赖特事务所负责的作品是蜀葵屋，是一座建在洛杉矶小山上的豪宅，我认为这是赖特的加利福尼亚时期最棒的作品。赖特因为辛德勒与自己相似而对他倍感厌恶，因此给予了一些成果低劣、品质下降的评价，但是看到了实物，却觉得很好，我认为辛德勒确实是有才能的。

三浦　我在芝加哥郊外的橡树园见到过很多赖特的建筑，却怎么也喜欢不起来。我还是更喜欢辛德勒。

隈　西海岸的话，有更宽松的氛围来接受辛德勒那样的人。

三浦　西海岸更容易接受三低。

隈　是的。在蜀葵屋的旁边，创建了宝洁（P＆G）公司的盖博先生请日本的工匠建造了住宅。这是"格林&格林"[10]建筑事务所设计的著名住宅。在电影《回到未来》中，它被作为疯狂科学家的车库，其实它是很棒的房子。日本三低而雅致的要素，在西海岸随处可见。

三浦　那大致是什么时候开始的呢？是战后吗？

隈　原本木制平房[11]那种安闲的住宅传统19世纪末就开始出现在西海岸了，辛德勒以及"格林&格林"的住宅继承了这一点，最终盖里出现了……这就是西海岸的历史，我认为，美国的"健康"，是源于西海岸的存在才有了保证。我感到，东海岸那样三高式的人工性，让人有些无法忍受。

三浦　隈先生与柏木博先生的谈话，提及了中里和人先生的摄影集《小屋》，我在那本书出来的时候就注意到了，我感到：啊……好酷啊。我还注意到一本书《我无家可归的孩子》（*My Homeless Child*）。那完全是一个新的"视点"啊。那个破旧的小屋看起来好赞啊。那个看起来很赞，建筑师和城市规划师应该做些什么呢？我认为，什么都不做不也很好吗？从辛德勒的私宅，貌似能看到这个解答。

隈　　盖里本身也是从破旧小屋起家的建筑师，最终将那种感性升华为毕尔巴鄂的古根海姆那样形态的高级艺术，之后却沦落至年老依靠补助金过活的寒碜处境。坚持三低的状态平淡地度过一生着实很难啊（笑）。

1 【鲁道夫·辛德勒】(Rudolph Schindler, 1887—1935)

出生于奥地利,建筑师。在维也纳工业大学受到了阿道夫·路斯的指导。移民美国后供职于赖特的事务所,之后独立。20世纪20年代开始,他经手设计的100座以上的住宅作品,被评价为引领20世纪50年代世界潮流的现代主义建筑先驱。

2 【理查德·纽特拉】(Richard Joseph Neutra, 1892—1970)

出生于奥地利,建筑师。大学毕业后,在德国、瑞士积累了经验,1923年,拜托鲁道夫·辛德勒远渡美国。设计了很多反映工业化的住宅。代表作是考夫曼沙漠别墅(1946)。

3 【阿道夫·路斯】(Adolf Loos, 1870—1933)

奥地利建筑师。因为《装饰与犯罪》(1908)等著作被称为功能主义建筑的先驱,与其这么说,不如说他是位执着于建筑素材的触感和物质性的建筑师。主要作品有路斯屋(1911)、穆勒住宅(1930)。

4 【陆屋顶】("平屋顶")

水平或者斜度较缓,接近于水平的房顶。多用于钢筋混凝土建造的建筑,或是用于阳台等。也被称为"平屋顶"。

5 【国际样式展】

　　1932年，在纽约现代艺术博物馆，建筑史学家拉塞尔·希区柯克和菲利普·约翰逊举办了展览会。展示了20世纪20年代的近代建筑设计，被定义为"国际样式"。

6 【拉塞尔·希区柯克】（Russell Hitchcock，1903—1987）

　　美国建筑史学家。1924年毕业于哈佛大学，很早就开始探讨近代建筑在建筑史中的地位。代表作是《现代建筑》（*Mordern Architecture*）（1929）。

7 【菲利斯·兰伯特】（Phyllis Lambert，1927—　　）

　　美国慈善家、建筑师。在伊利诺伊大学学习建筑，其父塞缪尔·布朗夫曼（Samuel Bronfman）开始规划西格拉姆大厦的建设时，她向设计者推荐了密斯。1979年成立了加拿大建筑中心、运营研究机构和博物馆。

8 【夏洛特·贝里安】（Charlotte Perriand，1903—1999）

　　建筑师、设计师。1927年，在巴黎秋季沙龙上，她设计了"屋顶上的酒吧"而受到认可，在柯布西耶的工作室供职直至1937年。负责柯布西耶作品的室内装饰设计。

9 【弗兰克·劳埃德·赖特】(Frank Lloyd Wright,
1867—1959)

美国代表性的近代建筑师。从1893年起17年
间设计了将近200座住宅。1913年到日本设
计了帝国酒店（1913）。晚年设计了流水别
墅（1936）、古根海姆美术馆（1959）等优秀
作品。

10 【格林＆格林】(Greene & Greene)

1868年出生的查尔斯与小两岁的亨利这一对
格林兄弟创办的设计组织，以洛杉矶的郊外为
据点开展设计活动。受到了艺术与手工艺运
动的影响，践行了重视匠人手工劳作和生活
的设计。代表作是盖博住宅（Gamble House）
（1909）。

11 【木制平房】

19世纪末开始至20世纪出头，在美国普
及的住宅样式。这是一种印度起源的住宅
（bangla），经英国传来。平房正面带有门廊的
标准样式，受到西班牙殖民地样式等多种样式
的影响，产生了多种派生形式。

1.10

混杂氛围在城市逐渐消失

三浦 然而，说起人工化，"新城市主义"也包含了很大程度的人工化内容，以及排他性思想。虽说具备了混合用途，2003年我去过DPZ[1]设计的沃尔顿县滨海区[2]，我看到的全是WASP（信奉新教的欧裔美国人），而且只有WASP。人种很纯粹，完全没有混杂。

另一方面，即使同为"新城市主义"，彼得·卡尔索普[3]设计建造的住宅地倾向于刻意融合不同人种和职业、不同阶层的人。卡尔索普甚至会为刚出狱的人群设计住宅。

限　　哎？

三浦　在西雅图郊外的住宅地，虽然是同一个区域，但是既有微软职员居住的过亿日元的街区，也有刚出狱的人员居住的街区。

限　　那里的小学校区也是完全分开的吗？我这么说是因为，美国的有钱人一般都不愿意将自己的孩子送到有贫困人群的孩子上学的学校。

三浦　这个我就不知道了，刚出狱的人员不都是独居者吗？但是他们确实是去同样的购物中心等场所。另外，市中心有班车，他们或许也是一同乘坐的。

限　　虽然我也可以在一定程度上认可他们行动一致的可能性，但总体还是分开的吧！

三浦　在这种开山而建的新型住宅中，混合了多种多样的人群，我认为真是够呛。另外，新城市主义的住宅区没有给每家每户配备邮箱，而是大多专门设置在公园旁边。这样一来，居民们取信取报纸都得外出。迎面走过的时候，美国人都会很爽朗地打招呼，这样就有了最初的交流。有时候他们会在公园的长椅上读信、读报纸，散步和遛狗的人来来去去，然后就有了更多打招呼的契机。

这样便开始了交流，慢慢地也就开始形成了社区共同体。不仅仅局限于打招呼，也会开始聊天，并且邀请对方到家里做客，或者是举办派对。在这个过程中，大家对住宅区会产生各种改造的想法，诸如："这个地区再怎么改造一下就更好了""公园周边不能再多种植一些树木植被吗"等。大家的对话中一旦聊起这样的话题，就说明大家渐渐开始关心自己的住宅区，随着关心程度的加深，就会开始着眼于设计、改造住宅区。如果不发展至此，岂不是等同于没有创建社区吗？由于郊外化，日本人与人的关系也同样疏远，切实需要实施这样的"新城市主义"计划。

我认为日本大多数地区原本就是混杂性的地域。在商业街的最里面会有住宅区，这是因为在山手线的住宅区开发之初，就是住宅与商业街配套建设而成。白领阶层与其他居民的日常交流司空见惯。

隈　　在美国，无论是混住街区，还是分开规划的街区，都可以依靠人工进行建造，因此，完工之后的街区归根结底还是像迪士尼乐园一样。

三浦　东京的城市再开发也是如此，虽说是以混合型街区为目标，因为是被计划出来的"混合"，因此一些地方多少不是很融洽。实际上，说不定是我们自身十分嫌恶混入其中的异己成分。然而，再开发地区的混合方式，只不过是对职业、住宅和商业进行就近规划而已，而并非将不同阶层、不同价值观的人混杂在一起。

东京山地附近的住宅区，有500坪（1坪≈3.3平方米）的地主家老宅，也有昭和初期的文化性宅院，50坪左右的普通人家的住宅，以及在自家的庭院中建造的低廉宿舍、多种多样的新老公寓，当然还有鱼店、豆腐坊、酒屋、荞麦面馆等能够满足最低限度需求的店铺。这些都混杂在距离车站半径一公里以内的地方，这一切共同形成了收纳型街区。

然而郊外的新城市主义并没有这种鱼龙混杂的

氛围。如果不乘车出行就什么也买不着。为了解决这周边的问题，新城市主义式的城镇都配置了最低限度的商店，但并不像东京的小店那样鳞次栉比。

在住宅地附近配置电路和水管维修等商家，即使在美国也是不可能的。更别提公共浴池了。加之道路狭窄，车辆通行也困难。无论怎么考虑，这都是新城市主义的理想状态了。唯一不同的是，住宅的外观设计并不是美观划一，而且还有很多电线杆。

然而，如果将住宅外观设计得美观而统一，就会觉得像主题公园似的，显得十分刻意，但是美国人喜欢这样的设计。可以说这是在排挤厌恶这种建筑风格的人们。恐怕北欧的设计风格才是大多数新城市主义街区的住宅设计理应采用的基本风格。果然还是信奉新教的欧裔美国人的喜好啊。拉丁裔的人难道不是不怎么喜欢这样的设计吗？

1【DPZ】

安德雷斯·杜安伊（Andres Duany）与妻子伊丽莎白·普拉特·兹伊贝克（Elizabeth Plater-Zyberk）是"新城市主义"的代表人物，重视传统街道的设计，合称为DPZ。代表作是美国佛罗里达州沃尔顿县的滨海市建设以及美国马里兰州的肯特农场。合著有《郊区国家》（*Suburban Nation*）等。

2【沃尔顿县滨海区】

DPZ在美国佛罗里达州（沃尔顿县）的墨西哥湾沿岸设计的滨海居住区。20世纪80年代人口开始迁居入住，是"新城市主义"的代表作品，是电影《楚门的世界》（*The Truman Show*）的取景地。

3【彼得·卡尔索普】（Peter Calthorpe）

新城市主义的代表设计师。主要活跃在美国西海岸，致力于设计带有铁路等公共交通设施的住宅地。代表作品是改造加利福尼亚萨

克拉曼多拉圭纳韦斯特社区，代表著作是《未来美国大都市——生态·社区·美国梦》。

1.11

"三低"美学

隈　说到混合这个话题,对于罗伯特·莫里斯的故事,我印象最深的部分是,他在从曼哈顿到高级郊外的长岛的道路,以公交车难以通行的高度建立了高架桥。

三浦　是吗,有这样的事?

隈　如果建造公交车能通行高度的道路,依靠公交车通行的贫困人群在长岛也能到达最高级的南安普顿。这样的话,黑人和拉美裔的人就都会入住,所以那里坚决不会通行公交车。虽然道路相当宽敞舒适,层高却非常低。这个政策特别成功,长岛的东边直到现在都是超高级住宅。

三浦　原来如此啊。

限　所谓美国人的智慧，就是从迪士尼乐园开始，让那种极其人工化的事物看起来不人工化的智慧。

三浦　无论地铁还是铁道，还是您所说的公交车，美国存在着这样的问题，就是如果在住宅区开通公共交通，那么黑人就会激增。2008年，我进行了住宅考察旅行，去了芝加哥郊外的森林公园[1]。森林公园是威廉·怀特实际居住和写作的住宅地，莱维敦也是如此，是代表战后美国典型的大规模住宅区。然而，那里是芝加哥的市中心，电车来往，因此低收入家庭也可以居住。现在几乎全都是黑人了。因为住宅价格便宜，一户占地面积100坪左右的住房，只需1000万日元。由于担心安全问题，我们不下公交车而是在那里兜圈。那里的庭院完全没人打理，倍感荒芜。

然而，原本的森林公园是经过周全计划的相当好的住宅地。它是由在哈佛学习景观建筑的艾尔伯特·皮兹设计的，皮兹与奥尔姆·斯泰德、怀特、亨利·莱特、克劳伦斯·斯坦因一同被认为是森林公园思想的始祖。他是一位非常认真的设计师，对森林公园也很费心地进行了设计。这与莱维敦没有可比之处。

另外，虽然有些跑题，但是认为黑人很危险这种歧视意识令人很困惑。我们随观光团出去的时候，旅行社为了避免风险，就尽量不去黑人多的地方，即使坐大巴去了也不愿意让大家下车，更何况这个观光团是20多个日本人在住宅地闲逛，还拿着照相机啪啪拍照，他们也不希望我们去黑人多的住宅区。然而，那个大巴的行李仓没关严，观光团团长的旅行箱掉在了路上。结果，捡到了那箱子并且打电话联系我们的是黑人，团长和乘务员去他家取旅行箱，好像还得到了很贴心的招待。现在已经是黑人都当选美国总统的时代了，也该消除歧视意识了。

隈 我去雷特朋时，令我吃惊的是人车分流。在低密度的高级住宅区，风和日丽，车却迟迟不来，本来那里也就没有人车分流的必要（笑）。为什么要在车流量这样少的地方人车分流呢？仔细思考美国城市的人工化，越发觉得好笑。我想这最终也是白板的效果吧，原本打算从无菌的状态开始绘制二次元的图像，考虑再三，绘制三次元的图像，最终完成实际效果。但最终却成了看起来欠缺身体感觉的人工性事物，令我难以忍受。看照片很难了解那种无菌的人工性，日本人对那种无菌的不良感受十分敏感，你如果当场接触到那里的空气，瞬间就能明白。三浦先生应该见识过，也能切身感受到那附近所具有的人工性事物给人的不良感受。

三浦　我认为，如果树木丰茂，加之无造作（自然而然）的处理方式，就可以设计出几乎没有刻意之感的街道了。雷特朋在这一点上有着清教徒式的整洁，也并非无造作。莱奇沃斯以及乡村房屋才是真正的无造作，可以说，在那里，日本的简朴娴静也畅通无阻。同润会[2]的青山公寓以及代官山公寓也是那种感觉。阿佐谷住宅[3]也是如此。无

【阿佐谷住宅】

津断修一设计。沿着柔缓的弯路，与前川国男设计的双层露台住宅并排而建。阿佐谷住宅的丰富风景。

（东京·杉井/摄影：三浦展）

造作才是最好的，这正是所谓的"三低"之美。美国一半的住宅区，以及新城市主义也是那样一片人工性质的绿化，显得十分刻意。绿叶的颜色过于鲜艳。我觉得不错的街区，绿叶都是暗调的，因此感觉十分安宁。另外就是树木的种类是否丰富，不尽如人意的住宅区树木种类很少，优质的住宅区树木种类就多。阿佐谷住宅之类的地方树木种类数不胜数，除了规划种植的树木，还有很多自然生长出来的草木。

隈 说起规划，即使考虑周全，归根结底也是一瞬间的事，因此，在那之后由谁来守护，能够全然改变它的面貌。

三浦 是那样的。还有雷特朋住宅区相当有人气，已经有三代人住在那里了。

隈 就是说他们不卖房子，一直传给孙辈吗？

三浦 2006年我第一次去雷特朋的时候，因为我咔咔拍照，让人家感觉我是个很奇怪的人。因此，一位镇上主管模样的人就过来和我说话，我就问了他一些问题，其实那人开始是去那里拜访朋友的，结果对那里一见钟情便住了下来。他的孩子也买了另外一栋住宅与孙子一起住在那里了。在那里长大的人，如果因为工作原因离开了，还会再回去的。据说美国人一辈子要搬6次家，相当喜欢移动，雷特朋是非常稀有的住宅地。那里有600多户人家，一年却连一户也卖不出去，因为压根儿没有人愿意出售。

隈 不出售？哦。

三浦 我采访过雷特朋居民组织的人，一旦有人愿意出售，立刻就会有买家现身。

隈 名牌住宅区啊。

三浦 名副其实的名牌啊。从雷特朋坐电车去曼哈顿只需30分钟左右，所以现在貌似有很多居民都依靠电车通勤。镇上主管模样的老爷爷也以此为荣。也并非如此，他好像是向三洋电机供货的中小型机械厂的经营者，因此也不喜欢布什总统。感觉他就像在说：那个白痴。我说日本也像美国一样，在路边建造巨大的购物中心。他说：过分啊，模仿美国这种事情。在美国，住在优质住宅区、优质街区的人，不知为何却反对共和党。

乡村住宅也完全不出售。想入住的人在等候名单上有30人之多。乡村住宅以雷特朋为最主要的参考范本，雷特朋又是以莱奇沃思为模型的，因此乡村住宅就像是莱奇沃思的孙子。作为想要居住的街道，连绵地将那种思想继承下去。

然而，大家也会担心，如果居民过于固定，难道不会形成一个封闭的世界吗？依据设计乡村住宅的夫妻迈克尔·科尔伯特和朱迪·科尔伯特夫妇的著作《设计可持续社区》（*Designing Sustainable Communities*, *Island Press*, 2000），乡村住宅区居民之外的人，也可以在乡村住宅区的公园游玩，因此其并非封锁式社区[4]。

此外有趣的是，乡村住宅区在建造新的住宅时，就已经得到了住在乡村住宅中的居民的帮助。就像是白川乡的协作劳动，通过那种居民之间的共同劳作而形成社区意识。当然，住宅的价格也就下降了。乡村住宅中的游泳池，公园中的玩具，甚至小水湾上的桥都是居民自己建造的。DIY（自己动手做）的住宅区呐。

还有，通过让巴基斯坦移民建造住宅，让他们学习建造技术，这样，即使工程结束了，他们也可以去别的工地干活。如果可以用工钱交首付，他们就可以在乡村住宅区建造自己的住宅，很有趣。听说乡村住宅的住户有16%左右都是低收入阶层。

此外，喜欢弗兰克·劳埃德·赖特的隈先生，我想对您说，迈克尔·科尔伯特也喜欢赖特，他本人好像也研究日本的住宅。乡村住宅之于美国而言是罕有的日本风格，南北朝向，房檐舒展。不用说，夏天屋里不会暴晒，冬天又会有阳光照射，即使没有冷气、暖气也没问题。这样就能很好地实现环境共生与社区建设。

我认为，应该尽可能让更多的日本人来参观乡村住宅区。城市规划师和建筑师们基本都参观过了，特别应该让政治家或者地方议会人员之类的来参观。看到这种日本过去农村形式的乡村住宅，就会明白应该如何活用日本的土地吧。

有很多人来找我商量关于公团团地改造的事情，不仅仅是改造，他们还提出希望能形成一个机制，将外面的人大量引入团地。哪怕只是公团的居民举行活动进行交流，也是不错的。这样的事情在同润会和江户川公寓也在实践中。

接着，我希望尽量能让团地居民之外的人也参加那些活动。同样，周边地带的活动，住宅地的居民也可以去参加。我认为，这样往来的自由关系对于今后是很重要的，不是吗？

因此，封锁式社区之类的是最差劲的。日本的超高层公寓也与封锁式社区一样。完全不知道谁住在里面。公寓的居民之间也没有来往，与周边的居民也没有来往。因为这样，才产生了涉毒之类的事件。

这样说来，看谷歌的街景地图，雷特朋完全被裁掉了呢。

限　不能加进去吗？

三浦　加不进去。乡村住宅只有停车场那里被算进去了（笑）。

限　我以为被裁掉的地区只有中国和朝鲜，没想到这样的地区在美国也有很多。

三浦　有呐。莱奇沃思也还没有被拍摄呢！

限　日本的情况呢？

三浦　日本一般不都能显示出来吗？

限　100%吗？连六麓庄[5]也处处都显示出来了吗？

三浦 六麓庄的住宅在上面只能看到御影石的墙壁而已（笑）。

1【森林公园】

芝加哥郊外1948年开始入住的大规模住宅区。最初是为第二次世界大战的退伍军人而建造的住宅区。被认为与莱奇沃思相似，森林公园住宅区是由城市规划师艾尔伯特·皮兹精心设计的，荣获很多大奖。

2【同润会】

关东大地震之后，为建设灾情严重的城市住宅而成立的财团。在东京和横滨各地建造了公寓和双层叠拼住宅。然而，公寓除上野下公寓之外，都已经被改建。表森道之丘以及代官山住所都是同润会的遗迹。

3【阿佐谷住宅】

1958年，日本住宅公团在杉井区的成田地区建造的分售团地。其特征是红色屋顶的双层露台住宅，以及具有独特曲线的街道，小巷数目众多，建造了丰富的公共设施以及草木，是公团住宅独一无二的典例。住宅地的整体设计师是津端修一。双层露台住宅的设计师是前川国男。

参考文献：三浦展著《奇迹的团地·阿佐谷住宅》(王国社)

4【封锁式社区】

  住宅地整体像中世纪时期的城市那样被围墙包裹，设立着大门，是门口设立警卫的住宅区。这种住宅是重视安保的美国富裕阶层喜好居住的地方，近年来在美国急剧增多，可以说现在的美国有成千上万的封锁式住宅区。围墙内建设着高尔夫球场的住宅区也不足为奇。

5【六麓庄】

  日本代表性的高级住宅区。位于芦屋市的东北部，建造于六甲山麓海拔200米的高台。开发面积大约38公顷。1928年，六麓庄有限公司收购了国有森林进行开发，投资者大多为大阪的商人。开发参考的原型是香港的白人街区。街区开始建造以来，在建筑协议的基础上进行着独自的街道建设，建造了没有公寓、商业设施、电线杆以及信号灯的街区。此外，町内会还经营着六麓庄土地有限公司（公司社长即町内会长），因为公司具有街区内道路土地的所有权，因此道路也是居民们所共有的私有土地。此外，家家户户的石墙都是用从当地御影所挖掘出来的花岗岩高高堆积在一起，形成了威风凛凛的街区。

1.12

连亚历山大都……

三浦　然而，罗伯特·摩西（Robert Moses）到底还是受到了迪士尼的启发啊。安东尼·弗林特（Anthony Flint）在《与摩西搏斗：简·雅各布斯如何同纽约的大建筑头子较量并彻底改变了这座城市》中描述了罗伯特·摩西和简·雅各布斯的斗争。摩西一面受到《缘起于勒·柯布西耶想象中的超级高速公路与城市再开发未来主义的联姻》的影响，一面写下他从沃尔特·迪士尼所描绘的城市景象中获得的灵感。迪士尼乐园中配置了精妙的交通系统，对于在汽车、技术和输送系统方面的预言能力，他也津津乐道。1958年，正好是1958年，迪士尼为电视节目《迪士尼乐园》制作了动画片《神奇的美国高速公路》（*Magic Highway U.S.A.*）。总觉得是在此处，他被迪士尼的语言所吸引。顺便说一下，在You Tube上可以观看《神奇的美国高速公路》。

隈　然而，迪士尼本身又是效仿的谁呢？迪士尼的主题公园原本就是二次元的动画，想要把它做成三次元，超群的智慧和诀窍都是必不可少的。现在耶鲁大学的建筑系主任罗伯特·斯坦[1]是我在哥伦比亚大学上学时的一位老师，他博学强记，就像是美国建筑的活字典。20世纪80年代，迈克尔·艾斯纳担任迪士尼首席执行官（CEO），在迪士尼进军全球资本主义世界之时，邀请斯坦担任外事要职，他没少出谋献策。利用主题公园的诀窍和品牌力量，迪士尼开始了实际的郊外住宅开发，正是出于斯坦的建议，才以这种形式破坏了主题公园与现实的界限。结果，现在的大型不动产公司、地产开发商所做的事情，就是以建造主题公园的诀窍来进行实际开发，做出梦幻般的效果，将行云流水般的垃圾高价出售，迪士尼便是这方面的先驱。在最初的华特·迪士尼（Walter Disney）时期，究竟有着怎样的智囊团，建筑史上没有记录。在建筑史中，迪士尼可以说是应该遭到唾弃、不可触碰的雷区。所以对它的研究仅此而已了吧。

三浦 五十岚太郎在《东京人》杂志中分析了手塚治虫的漫画中所描绘的城市和建筑景象。所谓华特·迪士尼个人的城市和建筑景象，同手塚一样，难道不都是他基于个人搜罗脑中的信息而萌生的想象吗？将此作为立体化的城市进行实际设计的是艾斯纳吧？话说回来，我们来谈谈专业性的话题，罗伯特·摩西在美国是如何被评价的呢？

隈 罗伯特·摩西引起了罗伯特·斯坦的关注，他以20世纪规划师的身份被重新评价。在后现代主义流行的20世纪80年代，一直处于统治地位的现代主义被视为绝对的正义，斯坦企图颠覆正统的建筑史。当时，罗伯特·摩西那样的人也成了备受瞩目的焦点，对于他的成就是非，斯坦进行了中肯的评价。斯坦企图颠覆基于只有现代主义才是正确的理论来进行城市评论的建筑史观。在受限的时代和场所，摩西践行了一种差别化的城市政策，他从这种具有一定意义的视点出发进行评价。罗伯特·斯坦所做的事情，我对这一点评价最高。他自身在建筑设计方面陷入了只有有钱人才能接受的后现代主义，毫无价值可言。

三浦 在美国难道没有将不同性质的人愉快地混杂在一起的规划理论吗？

隈 市民参与的城市计划，意图性地规划混合型城市并付诸行动的代表人物是克里斯托弗·亚历山大[2]。他在俄勒冈大学的校园规划中使用了被称为"模型语言"的市民参与性方法，并写成《俄勒冈大学的实践》一书，在20世纪70年代引领了一阵大浪潮。据他所言，一直以来，所谓的校园规划，都是排除了现代主义风格的校园规划，应该在校园规划中加入一些人性化的成分，在建设人性化的事物时，设计师一厢情愿地认为"这就是人性化吧"，这是行不通的，应当利用数学体系在设计中反映实际使用者的心声。

在数学体系中还原规划行为，因为他毕竟是美国人，但实际上，他单纯实现了的梦想，据说是他为了获取博士学位而学习生活过的剑桥校园。2008年，受俄勒冈大学的邀请去演讲时，我参观了校园，我感到亚历山大设计的地方就好像剑桥的二流拷贝，莫非这就是他革命性的参与理论的成果？令人略感失望。之后他开始在伯克利大学执教，如果将参与理论进一步提升至数学化的高度，那么谁也无法企及，还怎么称得上参与理论。

无论是金融体系，还是其他领域，作为一个系统而逐渐人工化，这就是美国人啊。柄谷行人大力称赞亚历山大的半网格手法是后现代主义，并且将他的名字大力宣扬，虽然在建筑界也算是领袖人物之一，但是从某种意义上而言，参与理论创始于他，也终结于他啊。在美国，不能更好地适度发展参与理论，实在可惜啊。

三浦　亚历山大在埼玉县（设计了）高中……

隈　使用那种方法设计的啊？

三浦　我以前受邀到那所高中去演讲呢。高中也有各种各样的问题，情况很严重，校长或是PTA会长读过我的书《"家人"与"幸福"的战后史》（讲谈社现代新书），跟我聊了关于家人和郊外的话题。然而，我心底想，如果连亚历山大设计的高中都是那样的，那么以建筑个体来建设社会是否已经行不通了呢？

隈　我认为，亚历山大的手法本身，难道不就是有问题的吗？他一边提倡参与理论，一边又是个极度强权、独裁的人。因此，无论是他设计的俄勒冈大学，还是他执教的伯克利大学，如今对他的评价都不太好。那种大男子主义的本性，无论用什么理论或者计算，也都是障眼法。

　　越是掩饰就越是暴露了真面目啊。以那种方法绝对无法解决郊外问题。

三浦　想要通过建筑来解决社会问题真的很难。建筑只是解决问题的手段之一，只依靠建筑是不可行的。因此，在当今这个时代，建筑家、社会学者、营销者以及行政人员都必须齐心协力才行。

1 【罗伯特·斯坦】(Robert Stern)

出生于1939年。美国建筑家。后现代主义建筑家的代表人物之一。1980年开始在哥伦比亚大学担任教授职务。一方面设计住宅和公共建筑，一方面从1990年开始参与迪士尼度假村的酒店设计以及迪士尼开发的住宅地规划。

2 【克里斯托弗·亚历山大】(Christopher Alexander)

出生于1936年。建筑师、城市规划师。他指出，城市是由多样化的要素网络形成的半网格化构造，并且提出任何人都可以将单纯的形式进行组合创造出舒适的空间，发表了《建筑模式语言》(1977)。模式语言被认为是相互作用的多种事件的解决手法，对软件开发产生了巨大影响。

第 2 章

移动与建筑

2.1

整修二手公寓　配备二手物品

三浦　今天来谈谈我整修的二手公寓。这里的购买价
　　格是1000万日元，但是不动产商说要用300万
　　日元改装之后再以1600万日元的价格出售。而
　　后我说，那我自己改装就能以1000万日元的价
　　格购买了呀，他们又说那么改装就由他们的子公
　　司来进行吧。我说不用，他们做不出我想要的整
　　修效果，就这样拒绝了，于是他们只赚到了30万
　　日元的中介费。可见，想要自己整修的客户，是
　　非常招人讨厌的啊（笑）。原本应该有300万日
　　元的毛利润，因此不动产公司想做改装。

隈　　我想，不动产公司只顾着贪图小利，城市整体的状况都不好了吧？当真十分无情啊。如果让对小利漠不关心的公共机构来进行房地产的交易，他们也不会真心考量。只是进行拆建的城市不算是城市啊。

三浦　如果保持旧貌居住的话，也不会产生工业废物，是很环保的啊。

隈　　说起环保的话，又不得不提到一个话题，那就是打着环保的名义推销太阳能发电设备赚取小利。

三浦　况且，整修到一半时，必须把完全没有使用的洗涤台扔掉。罪恶感十足啊。我不想这样做，所以迟迟难以觅得刚好合适的物件。我的这套公寓是在雅虎不动产找到的，买的时候十分破旧，完全不用太上心就整修好了。东京大学的大月敏雄先生的夫人负责具体设计。

隈　　是吗？

三浦　我跟大月先生说，我要整修公寓，想使用同润会公寓遗留下来的门是否可以。他说，让我夫人来设计吧。我说好啊,于是我洗漱间的门使用了同润会卫生间的门。

限 这个洗漱台呢?

三浦 是在网上购买的亚洲出口直销店的货品。

限 厨房什么的也是个异常的世界啊。我们在建造有钱人家的住宅时,厨房么……

三浦 得600万日元吧。

限 何止600万日元啊,得超过1000万日元呢。

三浦 这套公寓恐怕也带有完工时的三件成套一体式浴室,比起如今的一体式浴室,那实在是太赞了。这套三件式配套器具,最初是TOTO为了新大谷饭店或者别的地方制造的。或许是类似的东西。洗脸台结实宽敞、样式美观,没有现如今那种软弱无力的感觉,是很好的设计啊。虽然也可以就那样使用,但是损坏相当严重。

限 这个浴室的窗户是开在这里的吗?切割掉混凝土?

三浦 这里就连墙壁都改动了。原本我觉得洗手间和浴室安装玻璃的话很奇怪,可是我出差去大阪时，住在堂岛酒店，那里的洗手间就是安装的玻璃。这样洗澡时也不会感到局促，房间也感觉宽敞了，我认为这也不错啊，那我就试试吧。一洗澡就可以看到夕阳，确实也有三高性质的享乐念头（笑）。

然而，由于预算有限，桌子和书柜都是二手货。有些是在西荻的二手店买的，有些是在拍卖行买的。也使用了木材店的旧木料。全新的东西只有地板和浴室。

这里并非我为了隐藏而制造出来的，但是来这里的人必定会说：这是"男人的藏身之处"啊。男人终究还是想一个人生活，不是吗？虽然如今也有女性声称"独自生活"，但是男性独自生活的愿望更为强烈。普通的女性只要拥有配备了500万日元厨房的家，就愿意那样度过余生了，但是男性最后只要能在四张半的榻榻米上饮酒就可以了，绝对足够了。我之前也买了一本书《永井荷风：独自生活的奢侈》。

隈　哎？

三浦　荷风自己生活，好像还经常自己做饭。

限　我在纽约一个人生活的时候也是，做饭也越来越拿手了。基本就是味噌汤和意大利面（笑）。

三浦　还有荷风端坐在榻榻米上用炭炉做料理的照片呢。我的一位熟人也厌倦了三高式的生活，厌倦了买公寓和外国车、送女儿去私立学校的生活，一时跑去独自生活了。

限　在什么地方啊？独栋房？公寓？

三浦　好像是租了公寓的单间或者是一套公寓吧。因为还是要好好工作的。那样的愿望相当明显啊。您没有，是吗？

限　我有啊。然而，我每个月有一半的时间都在海外，所以我过着空中的独居生活。我只要在东京待三天，就想出去了。

三浦　工薪阶层只往来于家和公司，除了家之外，他们绝对还盼着能有一套房，偷偷地念想着。我也是从在公司上班的时候开始，就想着在高圆寺附近有一个四张半榻榻米的房子，也在不动产公司找过。数年前，我在高圆寺的不动产商那里偶然看到，有月租3.5万日元的四张半榻榻米的房屋，旁边写着"禁止用作男性隐藏屋"（笑）。

隈　　怎么回事啊？女人的话就可以了吗？

三浦　不是，或许是寻求隐藏屋的中年男人太多了，带女人进去过，或者是发生过刀伤事件什么的吧？

隈　　过去，不动产公司不愿意女人独居吧。

三浦　独居可以，作为隐藏屋就不行了。

隈　　不躲藏的人才好啊（笑）。

三浦　是吧。

隈　　不过，3.5万日元租下来，那很好啊。

三浦　在高圆寺的话，很快就能租到，就是采光不行，条件相当差。

隈　　采光什么的，倒不是很必要的东西。

三浦　也不能使用炭火喔（笑）。

2.2

隈研吾的"原风景"

三浦 话说隈先生对于现在的郊外，是如何考虑的呢？

隈 对于20世纪的郊外与当今的郊外，看法逐渐改变了呐。高度成长期已经是过去的事，处于收缩型城市[1]的时代，人口不断减少的郊外，基本上长满了苔藓，都废墟化了，成了十分落寞的地方。考虑到这个，我反而想，这难道不是有更多有趣的事情会发生吗？

三浦 比如说什么样的事呢？

隈 像是什么都不用去想，比如三浦先生的这套公寓，最初建造这公寓的人们，想不到它会被整修成这样，我们会坐在桐木地板的坐垫上谈话。20世纪的郊外，虽然看上去功能性十足，但对养育小孩来说并不是健全的地方，不是吗？与其说郊外变成了与此完全不同的、老气的东西，倒不如说是黄昏和废墟式的郊外更好。

三浦　寿命真短啊，郊外。就好像是在高度经济成长期这场战争中，为战士们建造的临时宿舍一样的东西，战争结束之后职责也结束了。那个转换期就是当下。郊外这种建立在私有主义基础上的、消费生活的乐园建设结束了，我期待性地预测，基于大众价值的共同消费时代要到来了。在2009年7月出版的《简易族的叛乱》，原本是以博报堂的自主研究"共同消费社会"为基础写成的书，隈先生五六年前也跟他们合作过。谁也没有注意到书的开篇是对《共产党宣言》的模仿。实际上，简易族的增加与共产主义者的增加是大致相同的，我认为应该动摇迄今为止的消费社会体制。

所谓的"公共消费"，是指"难道不能更加重视大众价值的消费社会吗"这样的观点。近百年来，到底增加了多少私人化的东西呢？无论住宅还是车都进入了私有化时代，但是大家都有私家车和房产，对于环境而言终究是个问题。虽说现在日本的年轻人没有这方面的欲望，倒不如说这很正常。我意识到他们认为不是非得努力到那个程度。

最近，共享汽车被作为公共消费研究的事例，在报纸和电视新闻中激增了许多的共享话题，但是汽车一旦共享，销售量就会下降，企业就犯难了。然而，就像IBM不再制造笔记本电脑而是出售系统那样，汽车公司也应该考虑，即使销售量减少了，也可以出售包含着汽车共享的新型汽车社会、移动社会的系统，拓展销售面。

在这样的萧条到来之前，年轻人就萌生出一种不买车、不结婚、不买衣服等，就好像并不需要什么似的价值观。我想，他们肯定也会开始考虑建筑也是没必要的。有一种看法是，日本人不会使用私人住宅，租来的房子反而会慎重地使用。这是这回当选静冈县知事的川胜平太先生的看法。

20世纪80年代，年轻人开始热衷于时尚，引起了DC品牌浪潮。大家都在讨论三宅一生如何如何，川久保玲如何如何等话题。2000年后，大家又开始讨论关于建筑师和家具设计师的话题。然而进入2010年之后，我认为大家对这个也厌烦了。

普通大众对在东京建造高层大厦也并不觉得开心，高圆寺车站前面建造新的公寓更不如说是令人厌恶，我认为现在那种什么都不需要的感觉是很强烈的。

建筑师在思考些什么呢？思考简易族的时代啊。应该倾向于整修，或是改造旧民居、门庭冷落的商店，再或者保持原样仅仅稍加改动，建成商店，这样更受欢迎。果真是"可爱的城市"这样的时代啊。看起来隈先生是了解下个世代的，对吗？

隈 先来说一下我自身所处的位置，我虽然生于1954年，却是我父亲老来得子。作为一个在高度经济

136

成长期的东横线沿线长大的人来说，因为我并非
壮年时期的父亲所生，而是已经成为老爷爷的父
亲所生，所以接受了不同的教育方式。那个时期
的东横沿线是势头威猛、相当不错的郊外，我虽
然住在大仓山，但却去了田园的调布上小学，当
时是跨区入学的全盛时期，朋友们都来自大仓
山、日吉、网岛、元住吉这些建成的分让地。我搞
恶作剧，故意分别观察了那些街道和住宅。大多
数都是狭小的庭院，但里面却有草坪，还喂养着
牧羊犬，过着好像自欺欺人的生活。

三浦　《名犬莱西》[2]的时代。

隈　　正是名犬莱西在草坪上跑来跑去的时代。我自己
家却是破旧的房子，虽然我姥爷在大井是医生，
但他原本就是逃避现实的人。他厌恶人，喜欢在
田间劳作，整个周六日都想在田间劳作，战前他
向有农田的大仓山的农家借土地，在那里建造周
末用的简易小屋。

三浦　真是小屋啊。

隈　　是的。然而，姥爷最后渐渐不想在大井待下去了，

在大仓山的田地里建造了小医院。我父亲住在最初建造的小屋里，虽然我父亲是女婿。那小屋一家四口住在里面太过拥挤。没有重建的钱，只能一点一点地补建。那个破旧的小屋是当地手生的木匠和父亲一点点增建起来的，与住在闪闪发光的新兴住宅区的朋友们家的"私宅"不同，是缝缝补补又老旧的三低啊（笑）。虽然是三低住宅，但是因为父亲出生于明治四十二年（1909年），是一个崇拜谷崎、受到大正风尚影响的世代。他是在日本桥成长大的，原本是白木屋百货背后的泰明轩那个地方。

三浦 是1900年左右出生的吗？

隈 是的。他是1909年出生的，85岁时去世。父亲原本出生在九州的长崎，因为双亲都患肺结核去世了，所以被寄养于在泰明轩开陶瓷店的亲戚家里。10岁开始一直在那里成长，可以说是一直生活在东京下町的谷崎世界。日本桥的三越百货是游玩的地方，那时的三越百货要脱鞋。那里原本是一家绸缎庄。那里规定，在入口连小孩也要把鞋存起来，在出口再把鞋摆好还给客人。即使小孩光临，他们也会好好地把全部的鞋拿到门口去，并以此为荣。因为他儿时过的是这样的生活，因此借着这种感觉，他力所能及地存钱，一间一间地增建小屋。他总是乐此不疲地对木匠说一些诸如"你们这材料不错啊""这个壁纸很好啊"之类的话。

三浦　多好啊！

限　　因为与新型的东横线沿线族持有极其迥异的价值观，最初我觉得自己破旧的家又脏又臭，很嫌弃它。我认为朋友们的家都亮闪闪的，树脂材料滑滑的，被日光灯照射得亮堂堂。那种当今三低族公认的价值观在我心底扎根。

三浦　那个宅子已经没有了吧？

限　　在呢，我母亲一个人住在那里。

三浦　真想去参观一下啊。

限　　是三低的原型呐。只是，我母亲也喜欢改装房子，所以很遗憾，最初的破旧感逐渐消失（笑）。

三浦　哦，是吗？白洲次郎、正子夫妇在町田建造武相庄也是那个时候呐。您父亲是什么时候去的大仓山呢？

限　我父亲开始在大仓山建造农业小屋是战争白热化之前，大约是昭和十五年（1940年）时。

三浦　那么是一样的。白洲次郎、正子夫妇也是昭和十五年搬到町田去的。

限　是吗？父亲是在我出生前不久结婚的，1951年开始在大仓山定居。儿时我强烈地感到，自己家与别人家不同，它是在社会的成长和发展进程中被遗忘的脏东西。由于父亲45岁时我还小，我记事时父亲也快要退休了，即使是退休之前，父亲也因为公司而辗转无休。渐渐地，收入也减少了，感觉没落了。社会在发展时，我们却家道中落，家屋也很破旧，那种疏离感就是我自己的"原风景"。

三浦　原来如此啊。

限　我自己也相应地作出了让步呐。这种成熟实际上才正是未来的样子，我受到了吉田健一的影响，从高中时起我就开始阅读吉田健一的书。吉田健一说，没落和衰退不正是未来的人理想的存在方式吗？

三浦　而后吉田茂的孙子（麻生太郎）衰退了呀（笑）。

隈　孙子衰退那已经当真偏离近代了，之于人而言，大家对毁坏方式兴趣颇深。简要说来，所谓近代，实际上就是死心的时代。吉田健一的关键词是"优雅与断念"。我陷入了吉田健一的近代观……而后，我就那样相应地对破旧的小屋作出让步，进入大学学习建筑专业之后，大学中所讲的"现代"（Mordern）与吉田健一所说的"现代"大相径庭。大学中所教的"现代"是指使用钢筋混凝土的闪闪发光的没有阴影的现代，是与衰退和断念无关的轻快自如的现代。这就是现代主义吗？与我所想的现代主义完全不同啊，这让我很沮丧。

1 【收缩型城市】

 缩小的城市。1950年开始至2000年间，特别
 是在历史悠久的先进国家中，一时人口明显减
 少的大城市至少有350个。20世纪90年代，全
 世界大城市的四分之一以上缩小化了。预计
 到2070年至2100年，世界人口总数将达到顶
 点，大范围波及的城市化进程将告终。所谓的
 "缩小"，就好像曾经的"成长"，动摇了社会
 的根基。针对这样的问题，全世界都加速了研
 究进程。

2 【《名犬莱西》】

 20世纪50年代至70年代美国播出的电视剧。
 主人公是一只聪明的牧羊犬，每回都能解决问
 题。在日本播出之后，大家都向往能拥有一只
 牧羊犬。

2.3

现代愈发富于阴影

三浦　隈先生是1973年上大学的，是石油危机那一年呐。这就是说，我认为，接下来还大量使用石油和混凝土的城市和建筑，就已经落后于时代了，对吗？之后，隈先生在《日经建筑》上写了关于大阪世博会的事情，说是因为得益于世博会，那个时候，高中生报考建筑专业的人数增加了，希望大阪世博会一直持续下去就好了呐。之后想来，大阪世博会正体现了近代建筑的终结。

隈　虽然有人认为大阪世博会是高度成长象征性的大事件，但那完全是毫无道理的误解呐。虽说主题是"进步与调和",然而无论怎么看,当时的重点都在调和那一方面,如何与20世纪的阴暗面达成和解,才是那届世博会的主题。最吸引我的,并不是美国馆和苏联馆那样三高化的展馆,而是什么建筑也没有建造,将铝制的大树在广场上孤零零搁置着的瑞士馆。我想那种孤寂的透明铝树才正是近代性的东西,因此上大学学习建筑时,产生了相当明显的违和感。我想,难道现代主义不应该富于更多的阴影,更多的幽默吗?大学传授给我们的现代主义是极为直接的混凝土万岁,这令我很丧气。朋友们很直接地崇拜着柯布西耶。柯布西耶难道不是一个很扭曲的人吗?三浦先生说过拒绝猥琐和杂乱,柯布西耶本身来自瑞士的乡下,终日逗留在阿尔及利亚的妓院,又沉溺于约瑟芬·贝克丰满的肉体,是一个乱七八糟的人。现代主义,原本就是那样乱七八糟的东西吧。

三浦 我喜欢香蕉……

隈 他这个人在充分了解了猥琐和杂乱的魅力之后,

自己要作为建筑师在社会上立足，因此将杂乱全部割舍掉，而摆出一副孤独战斗的姿态。

三浦 在《城市规划主义》中，他写道，曲折的道路虽然并非现代化的，但却是美的，因此我才理解他果然认为很美呐。女性的身体也具有曲线美。我以前在NHK（日本放送协会）看过约瑟芬·贝克的舞蹈录影，确实很淫秽。对柯布西耶的惯常印象很难与之联系在一起。然而柯布西耶的绘画看起来非常具有原始感，我能感受到他对非洲的强烈憧憬。

限 到了后期，那种柯布西耶式的感性，以朗香教堂那般柔弱而又富于肉感的、身体化的事物表达出来。然而，大体而言，初期的压抑性表现，是自身对于世界通过想象而表现出来的。

三浦 朗香教堂很好啊。不过我没去过，我只是看照片觉得很棒。虽然曲折的道路挺好，但是他还是决定以现代主义的方式崭露头角吧。柯布西耶对汽车、飞机、轮船这样现代化的机械有很大兴趣，不是吗？在第一次世界大战中，他亲眼见证了那些机械大放异彩，他憧憬机械的时代，他以实验赌了一把，想证实能否以自己的建筑来完成那些。

这样看来，之于柯布西耶，我感觉弗洛伊德，或是马克斯·韦伯[1]也与他有共通之处啊。弗洛伊德生于1856年，比柯布西耶大20岁，在《图腾与禁忌》一书中，他明确地表达了对未开化社会的人的超常关注。那是因为他认为无意识的根源就存在于那里。因此他搜集了很多未开化社会部落的人偶。维也纳有弗洛伊德博物馆，按照弗洛伊德的诊疗室、书房等保持原样建造成了博物馆。我大约20年前去过那里，那里齐刷刷地摆放着未开化社会的人偶。那感觉很不错啊。

限 那是他自己搜集的吗？

三浦 是的。他依靠这样的东西想要了解人类根源性的心理，这与柯布西耶追求非洲之类的事物有什么关联吗？根据弗洛伊德的理论，是维多利亚王朝的性压抑等，这是根本性的问题所在，那逐渐开始解放是在20世纪初期，好像是当时欧洲产生了非洲浪潮之类的。1892年，莱比锡博物馆举办了非洲展，1897年的布鲁塞尔世博会上，作为其中的一个环节，比利时国王利奥波德二世在自己的国王领地特尔菲伦建造了展示刚果殖民地的刚果博物馆（现比利时皇家中部非洲博物馆）之列的很多事情，对于非洲美术的兴趣貌似十分高涨啊。1905年至1914年间，毕加索、马蒂斯、弗拉曼克等人好像都在搜集非洲雕刻。此外，名为约瑟夫·布利梅尔的画商于1909年在巴黎开设了收藏非洲和大洋洲雕刻的画廊。自那时起，立体主义诞生了。受到非洲雕刻的影响，毕加索在1907年创作了《亚维农的少女》。1915年，与毕加索有过交流的卡尔·爱因斯坦，一位犹太裔的德国小说家、美术史学家，写出了《黑人雕刻》一书。1917年，诗人阿波利奈尔写下了另一本名为《黑人雕刻》的书。柯布西耶是1908年移居巴黎的，考虑到正是处于那个时代，趣味颇深啊。柯布西耶与立体主义步调相同，但是在1918年却写下了《立体主义之后》一书，与立体主义诀别了。然而，之后他对非洲文化和东方文化的关心依旧持续着。这么想来，就能够理解朗香教堂了。

隈　嗯。柯布西耶从加尔文主义的极度压抑中去南方寻求某种解放，那就存在于约瑟芬·贝克充满情欲的肉体中。之前提到他牵强地说自己的家庭是加尔文主义的，为摆脱加尔文主义他从法国南部逃亡到瑞士，这种说法是他为了建立自己有南部血统的假想逻辑。

三浦　哎。大约五年前，我去神田的古书店"图书兄弟"（BookBrother）源喜堂时，偶然间发现了弗洛伊德博物馆的摄影集，我喜出望外。出版社能够出版弗洛伊德博物馆的摄影集，这种事本身就很值得称赞。在欧元成为通用货币之前，弗洛伊德就是被印在奥地利的纸币上这种地位的人，要说理所应当，那确实理所应当呐（柯布西耶的人像也被印在瑞士法郎上）。

然后说到韦伯，他生于1864年，大约介于弗洛伊德和柯布西耶之间，可以说他是预见了近代化的意义与界限的人。鄙人的译著《作为职业的学问》一书中有我与姜尚中先生的对话,如果能读一读的话就会了解大塚久雄关于韦伯的研究,简单说来,就是研究日本如何发展近代化。其中的韦伯被认为是分析总结发展近代化原理的学者。

然而,我学生时代喜欢阅读尼采的书,之后才开始读韦伯的书,我注意到,韦伯屡次在重要的地方引用尼采。我认为韦伯并非近代主义者,他是近代批评者。最有趣的是《宗教社会学论集》中的《中间考察》。它论述了性欲和美这样软绵绵的事物与理性主义之间的紧张关系,作为现代社会论来读相当有趣。然后我把这一部分作为毕业论文来研究,也想尽可能成为研究韦伯的学者,但是却受挫了。其实,我和姜尚忠先生从很早开始就持有相同的问题意识了,毕竟我学生时代就已经开始从事这样的研究了。山之内靖先生也进行过这方面的研究,并在岩波出版社出了书。

之后，1917年秋，韦伯进行了"作为职业的学问"的演讲。史宾格勒的书《西方的没落》也出版于1917年秋。近代，是对西方这个事物质疑爆棚的时代呐。正因此，非洲浪潮也出现了。史宾格勒也深受尼采的影响，还有歌德的影响。韦伯也是如此，受到了尼采和歌德的影响。我没有资格探讨尼采和歌德，大胆地说来，（他们所表达的）欲从善而偏行不善，这不正是对人的嘲讽吗？这样的认识覆盖整个近代西方文明的时期是1917年左右，第一次世界大战的时候。是对西方文明这样从善而不行善的认识呐。弗洛伊德的文化悲观主义正好就意在于此。柯布西耶也是从近代西方文明的边界出发的呐。因此，他当初采取战略性的现代主义形式，怎么说都很难理解。正因为此，他说话才软弱无力吧。

陨　几乎没有人知道柯布西耶的那一面啊。概括来说，他就是个变态（笑）。

1 【马克斯·韦伯】(Max Weber, 1864—1920)

德国社会学者。精通经济、政治、法律、宗教、音乐等，他凭借渊博的学识，以自己的假说分析了为何只有西方功能主义发达，并且近代化的资本主义发展了等问题。主要著作有《新教伦理与资本主义精神》等。

2.4

不旅行的建筑专业学生

三浦　话说回来，您父亲是在日本桥长大的，我研究了
日本桥之后，感觉很有意思。虽然有高级的印
象，但毕竟还是下町，也有职人，我与那附近（的
人）也有些来往。东京R不动产[1]的马场正尊[2]等
人，将事务所建造在日本桥，在他们举办CET
（Center East Tokyo）活动时，最初有一群莫名
其妙的人到我们街区来了，（难道是）欧姆教？虽
然感觉相当怪异，马场君他们十分擅长地域融
合，渐渐与当地人建立了良好的关系，最后竟达
到了很深入的地步，连街区有声望的人也与他相

谈。既然说到了这个，我就一口气说下去了。

隈先生如果有那种日本桥的DNA，难道不会早就萌生对郊外化和私有主义的批判吗？恐怕在日本桥，一直从事贩卖行业的人本来大多数就没有土地，公共意识很淡薄，房屋也按照自己喜欢的方式建造，完全不考虑与周围的协调性，以及与历史的协调性。总之就是自己随意行事。然而，说到租地租房，原本就是共有的公共财产，偶尔自己租来使用，我认为如果能产生这样的意识，反而能酝酿出公共意识。

因为西方与神联系紧密，即使土地和建筑物都私有化，自己也不能随意处置。然而，如此一来，如将草坪修建得很美观，来自周围的约束就会纷至沓来。总之，自己不能为所欲为。我认为，特别是WASP的住宅区，本质上来说是清教徒的宗教意识，是特意将"山冈之国"的理想具体化了。

也不知道是否因为这样的背景知识，日本直到战后的某个时期，住宅持有率很低而想要将之提高。但是我发觉，像拥有产权之后的责任和义务等思考方式却并没有被导入。原本说起房产，英国仅仅是租用皇家的土地，连这种事情都不知道，却只是以欧美的高产权率为目标。

相反，公团的云雀之丘团地完工时，公团制作了有名的宣传电影《来自团地的邀请》（1906年），看了这个之后，印象很深刻的是，所谓团地生活就是，居民们彼此都必须怀揣着公共意识共同生活。并不仅仅因为是集体住宅，更因为是出租房，所以才都具备了公共意识。

隈 思考20世纪的城市，我认为，拥有汽车这个工具，带来了超乎想象的重大意义。汽车具有两面性，一方面是机械性，同时也使身体的快速移动成为可能。移动对于柯布西耶而言也极其重要。出生于瑞士的山区，那般移动才成长起来的人，只有他了。阿尔及尔的旅程也是如此，去往希腊和伊斯坦布尔的旅程被他称为"东方之旅"，这给他带来了巨大的变化，通过移动，他获得了建筑理念。我认为与此有关，如果分析他的建筑，可以看出他是以斜坡或者台阶为中心，再考虑整体结构。这些要素被他自己称为"建筑的散步路线"，他的建筑不仅仅是机器，更是为了移动的机器。

三浦　建筑是为了移动的机器？

隈　　之前，法国的女建筑师奥蒂勒·戴克[3]被东京大学邀请过。她现在是 ESA（Ecole special d'architecture）的校长。她化着朋克式的妆容，眼周像熊猫一样涂得漆黑，但她和我是同一世代，她说当她自己立志成为建筑师的时候，憧憬着去月球。虽然我特别喜欢移动，但是毕竟没有憧憬去月球。她好像是看到了阿波罗计划，才想到那里去的。虽然我如此地憧憬移动，但是我的学生们说自己哪儿也不想去，更别提去月球了。

三浦　一般来说都是这样呐。据说已经没人进行建筑游历了。

隈　　谁也不想去了，即使是建筑专业的学生，却连旁边街道的建筑也不愿意去看，这样的人就是我们教学的对象啊，对于这样的现实该如何面对呢？像是持续不断地受到胁迫，对于柯布西耶而言，移动、排除、猥琐和杂乱的关系究竟如何呢？简易族是否喜欢旅行呢？这些，我想请教三浦先生。再回到关于三低的问题，之于他们而言，移动究竟有什么意义呢？正如三浦先生所说，这群人几乎不旅行呐。

三浦　为了回答这个问题，首先想请教您，移动和旅行与建筑具体是什么样的关系呢？像原广司和布野修司[4]那样，到处考察全世界的民族建筑，看了他们的工作，就能够了解，对于人来说，所谓本质性的建筑，所谓家，所谓城镇，想要思考，旅行确实非常重要。我认为，切身体会自然与生活、文化、宗教以及建筑等的关系，这十分重要。作为隈先生一派，是怎么看待的呢？

隈　　移动，有大规模的移动，也有小规模的移动。大规模的移动就是旅行之类的，或是去日本以外的地方，虽然有这样的含义，但是在家里也是可以移动的。迄今为止的功能主义观点，就是说与各自的功能相对应，有相应的空间，功能增加的话，空间也必须增加，这样的话，社会就会变得复杂，所谓的空间也必定无限膨胀。实际上，所谓功能，并不是那样一对一的与空间保持静止的对应，如果人移动的话，问题就可以解决了。例如，通过移动来削减建筑，去掉建筑的赘肉，我想寻求这种可能性。

正如有餐厅（吃饭的空间）、客厅以及寝室之分，人的生活中设定了不同的功能分区，这样将空间与功能一一对应，是20世纪功能主义的观点。我在非洲见过在极小的空间中居住着20多个人的大家庭。他们是如何解决问题的呢？原来是到了晚上他们全都到外边去睡觉。白天家周围的耕种场所，到晚上就成了卧室，这就是通过移动来削减空间，那样紧凑却要住20多个人，用今天的话来说简直就是过着忍无可忍的生活。然而，那种移动并非像汽车那样使用能源来移动，只是走出家门外，在心情舒畅的夜空下睡觉而已。这与辛德勒在屋顶上睡觉，本质是相同的。

如果大规模开展这样的行动，即使社会变复杂了，建筑也没有增肥的必要，而是可以缩小或者

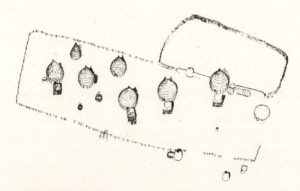

尼日尔 阿巴拉克部落 1978
与住房相连接, 有简单的木造阳台, 被草编物所包裹, 是人们聚集于此的工作场所兼
休息场所。
(出自《SD》别册《住居集合论5》, 鹿岛出版会)

同上, 成套配置的房屋、厕所、阳台。

"减筑"。80年代，比如"游牧民式的"（nomad）等，就被认为有一种浪漫意味，然而，那并非浪漫的事物，而是更加简洁地追随现实性的移动。

三浦　日本传统的房屋也是如此，比如说用餐的地方，事物是有功能的，房间本身没什么意义呐。饭端来的时候就成了餐厅，拿来被褥的时候就成了卧室，依靠物品的移动，虽然空间很小但是却能解决问题。

隈　是啊是啊。这就是日本的厉害之处，在人移动的基础上，灵活地将物品人称化，通过移动物品解决了很多问题。欧洲的话，物品还是归属于房间的，在金字塔式的等级制度中赋予其一定的位置。日本的事物是人称化的，机智地移动着。依靠移动改头换面，灵活地变化为别的人称。

三浦　比如打开窗子就变成了赏月的场所。

隈　是啊是啊。

三浦　连建筑系的学生都不旅行了，普通的学生就更是什么都不干了。现在连小学生也不在外边玩了，如果家长不催促他们，他们就一直待在家里。从而出现了一种社会问题，那就是儿童的体力和运动能力都下降了。年轻人的地方意向也是这样，行动半径十分狭小。

有一回，我听早稻田的学生说，他们每年旅行三次。旅行业的调查也显示，"旅行中"的年轻人增加了。我问学生们这是怎么回事，他们说每年社团活动出行两次，和朋友们出去旅行一两次。问他们都去哪些地方，他们说山中湖和热海之类的（笑）。我想这与30年前我的学生时代简直没区别啊，太惨了呐，我泪都快掉下来了。还有，御殿场的外贸商场也很受欢迎。他们回答的也就是这种程度的旅行。没有钱也是一方面原因，但是他们对移动的意识也发生了剧变。

限　在我们那个时代，山中湖那样的休养胜地，感觉没有异味。日常生活处于一个气味弥漫的世界中，休养胜地是不同于此的无味地带，原本20世纪的休养胜地，或许就是基于这个意义修建的无异味主题公园吧。然而，现在住在田园城市的那一伙人，生活反而是无异味的，山中湖那一带反而有异味了，不是吗？各种气味奇妙地混合在一起，对于那种异味，身体里的某个部分反而憧憬不已，不是吗？

三浦　因为因特网，世界变小了，我想，人们渐渐不认为去美国算是旅行，也不认为不去南美的话就不算是旅行，相反，因为因特网而一直坐在笔记本电脑前，倒不如说去山中湖也算是旅行。世界扩大了，还是缩小了？我不得而知。某个企业针对"之于年轻人而言，何为积极"这一主题，对庆应藤泽的学生生活进行了调查，一位学生回答说："昨天好不容易做了一件积极主动的事"，问他那是什么事，他回答说："乘车去了便利店"（笑）。恐怕是因为在生活中依靠网络和手机，哪儿也不去就什么都能做到了，所以觉得去趟便利店就好像去了很远的地方。更何况去山中湖呢，那就是大旅行了。令人不解。

此外，我听了早稻田学生的话，抛开凄惨不说，令我生气的是，一个人无法行动这一点。朋友们总是五个人在一起，旅行也是五个人一起。如果有谁以没钱等理由不能去旅游，哪怕是一个人，其他人也不去旅游了。厉害的平等意识啊。我说那三个人一起去也可以啊，他们会说不可以去，朋友太可怜了所以不去。我想，这也是"五人组制度"吗？

还有我多年前听到过的，早稻田探险部的部长是东京理科大学的女学生。跟父母说这次要去什么样的地方了，父母会说不要去危险的地方（笑）。探险的任务不就是去危险的地方吗？这么看来，也能理解建筑专业的学生不去旅行了。连女孩都能去不是吗？喜欢铁路被称为"铁子"的人也增加了，喜欢相机的"相机女子"，以及喜欢登山的"山岳女孩"，这些人数都增加了。还有的女性在东京的内脏烧烤店一边吃烧烤一边看书[5]呢。女性开始介入未知的领域了呐。

1 【东京R不动产】

只发布关于适合整修或者变更用途的旧公寓
或者办公大楼相关信息的不动产信息网站。

2 【马场正尊】

建筑师。生于1968年。早稻田大学硕士毕业
（石山修武研究室）。入职博报堂，而后停职。
创刊建筑杂志《A》，备受瞩目。从博报堂辞
职后，他一边从事建筑设计活动，一边成立
了"东京R不动产"，成为引领整修公寓浪潮
的"纵火者"。同时，他对日本桥后巷的旧仓
库进行整修，作为自己的办公室，加之他还要
唤醒日本桥等东京东部的市中心新的可能性，
突然在千叶的房总建造了私宅，并对那周围的
住宅也进行了设计，引发了郊外热潮，他神出
鬼没的活动令人目瞪口呆。著作有《新郊外之
家》等。

3 【奥蒂勒·戴克】（Odile Decq, 1955—　）

法国建筑师。1985年，成立了布诺瓦·柯奈特
事务所。主要作品有吕斯特庶民银行（1991）、
A14高速路高架桥以及办公中心（1993）。
1996年荣获威尼斯建筑双年展的最高奖金
狮奖。

4 【布野修司】

建筑史学家、评论家。生于1949年。滋贺县立

大学教授。以实地考察为基础，研究亚洲的城市与居住。通过《战后建筑论记》对近代建筑和城市进行了批判。

5 【在东京的内脏烧烤店一边吃烧烤一边看书】

佐藤和歌子《烦闷的荷尔蒙》，新潮社。

2.5

移动开始变质为消极意义

三浦　说到另外一个话题，现在"汽车背包客"好像增加了，他们不是步行的背包客，而是开车旅行的背包客。在高速公路的服务区吃饭，晚上睡在车里。在服务区可以洗澡冲淋浴，足够生活了。

然而，人口稠密一代人的男性退休后，能有兴趣去当汽车背包客固然很好，现在由于经济不景气，不得已才当汽车背包客的也大有人在。实际上，现在犯罪事件增加的最大理由也是车上盗窃，一边开车移动，一边以扒窃为生的人有不少吧。我想，在岛根县发生的女子大学生杀人事件的犯人不也是在车上生活的吗?

这样,我想说的是,移动这件事,如今的年轻人不是持有消极的印象吗?这难道不是年轻人不愿意去旅行的深层心理吗?原本移动本身与通信一样,是非常近代化的行为。当然,在近代之前也可以移动,19世纪至20世纪初修建了铁路,发明了汽车、飞机,增加了电信、电话等通信手段,扩大了飞跃性的移动行为,从这个意义来说确实是近代化的。因此,也许,不移动的年轻人增加了,第一个原因是通信手段过度发达,移动成为不必要的事,深层心理方面,莫非是对近代化的事物越来越不感兴趣了吧?

过去,年轻人向往旅行是因为他们处于强固而安定的束缚型社会。无论是封建的家长制度,或是地域社会,还是灭私奉公的社会,都是如此。正是由于那种前近代化的束缚,为了逃避那些才去旅游的。

然而如今,无论社会还是公司,都没有那么强固和安定了,可以说是不安定的、流动性的。社会方面也是旅行性的。因此作为年轻人，从那里逃离去旅行，就没有意义了。

打个比方来说，过去的年轻人是孙悟空，就连世界边际的墙壁也想去，但是那个墙壁是释迦牟尼的手掌心。然而，如今释迦牟尼的手掌坏掉了。这样的话，现在正想去世界的边际，但是却倍感不安，就不去旅行了，那种一直关系很好的五人组一直待在一起，不正是现代年轻人的心理吗？

我大约八年前写了一本书叫作《我无家可归的孩子》（*My Homeless Child*），简要说来，就是说产生了一种价值观，私宅和私家车已经不能将价值固定于其上了。原本《我无家可归的孩子》之中的"无家可归"这个概念，是家具品牌 IDEE 举办的自己公司的展览会，就像是公司内外的年轻设计师的产品发布会，主题就是"无家可归"（Homeless）。我想虽然是家具公司，却以此为题，这很有趣呐。从定居转向想要自由的价值观产生了。然而，现在想要追求定居、追求安定的年轻人或许也增加了。希望终身雇佣的公司新成员也增加了。

实际上，学生旅行的增减与就职转正率之间非常清晰地成比例。因为还没有转正的人是不能去旅行的呐。还有，正式职员与调动人员比起来，调动人员不去海外旅行。他们没有钱，又担心旅行归来就会被开除掉。因此，现在社会的不安定，无疑会导致年轻人的旅行减少，而且网络上的用人条件也会提高。

还有一点，因为坐在笔记本电脑前就什么都能做到，即使在家里也不怎么移动了。这样的话，即使不好动的人成了建筑师，也建造不出来适宜居住的家和空间吧。在日常生活中，走路撞到门啦，头撞到书架啦，这些经验或许也很重要。日常生活中这些低声细语的小动作，如放在这里的话就不好拿出来了，怎样才能容易拿出来呢？如果不经历各种这样的事情，就建造不出像样的住宅。考虑到这个，以后的年轻建筑师究竟会建造出怎样的东西来呢？

隈　说起现在的移动，我感觉就像小狗撒尿标记气味的行为那样，不仅仅是单纯的移动，虽然也不是释迦牟尼的手掌，但不能完全摆脱底层的社会，从静态的秩序中逃脱出来，这很重要。如今在这层意义上，已经完全摆脱了底层，因此如果不标记自己的气味，仅仅移动的话最终就会惴惴不安。那种标记气味的方法，如果不专门学习就不能掌握，因此年轻人渐渐不会任意地去移动。

三浦　正如刚才学生们所说的那样，他们在郊外的独栋私宅长大，习惯了依靠游戏、网络和便利店的便利生活，不移动也不旅行。他们从小学开始就一直那样。成长的地方正是田园城市沿线的青叶台呐。实际上，在旅行业界，面向年轻人的旅行团体十分有人气。一个人作为背包客闯荡世界，那正是"低意欲"的事情，也就是社会底层的事情。

多走一些路，骑自行车，而不使用自己的身体移动，或许是不行的。我意识到这也并不是汽车不行而公交车环保的问题。乘坐电车和公交车的话就很安心，坐到哪里都可以，在这样非常自动

171

化的社会，使用自己的身体走路、跑步、骑自行车之类的，就像小狗边撒尿做记号边移动那样的经验，从根本上说来是完全不够的，不是吗？虽然因为环境问题电车很好，然而，一边听着iPod一边读书虽然看起来很不错，将自己的空间委曲求全地让给他人而自己乘车，心情方面完全没有移动啊。想到这个，自己一边擦汗一边溜达的经验不多增加一些的话，是不行的。首先就像小狗那样，在自己家周围半径五公里内溜达，划定自己的地盘。我认为必须要恢复动物性的感觉。在自己的家、自己的房间、自己的车、自己的笔记本电脑以及自己的手机等这些物质性的"自己的"东西中所埋没的人，将城市和建筑作为人的生存空间，是难以留有印象的吧。

2.6

普通民宅和商店更为有趣

三浦 说起简易族与移动,简易族是特别喜欢旅行的。
虽然,年轻人整体越来越不爱旅行了,但是简易
族却相当能旅行,也很喜欢去观瞻世界遗产。

究其根本,我认为,与其说是想去不了解的场所,
不如说其心里是乐于跟不认识的人见面。我想,
他们是想去感受一下与自己所持价值观不同的
价值观真真切切地存在着。他们也喜好猥琐、杂
乱、繁多、多样化的事物,我认为他们是为了实
际体验世界的多样性,所以才去旅行的。

相反,不旅行的年轻人或许就是不追求多样性的

人吧。他们认为现在的自己很不错。现在的自己好吗？没有别的生存方式了吗？想到这些，就会去旅行了吧。不考虑这些的话，不如只玩游戏就挺好的。

还有，我认为简易族平时很喜欢散步。

陧　身子骨弱吧。

三浦　嗯啊，我认为他们一般都喜欢在神乐坂、向岛，浅草之类的地方散步。也有的女子骑车从东京到新潟跨过碓冰卡，骑整整三天呢。我觉得我周围的编辑和建筑师都是比较积极的。您知道三人女子组建筑师SML[1]吗？政法大学研究生院毕业的孩子们。

陧　是组成了一个团体吗？

三浦　身高尺寸是S、M、L，因此被称为SML，L现在还是上班族，我就经常跟S和M一起玩。交换名片时，一说"我是S，她是M"就容易造成误解，所以我说那倒不如把名字稍微改变一下，就叫"超级S、超级M、超级L"好了（笑）。最近我邀请她们去散步了呐。广义而言，是作为工作的一个环节。一起去阿佐谷住宅啦,一起去高圆寺闲逛啦,一起去浅草的酉市啦,还有听竹居[2]之类的。

隈　藤井厚二[3]的听竹居吗?

三浦　是的。

隈　那个对外开放了吗?

三浦　现在是被建筑史学者松隈洋的弟弟小章租用了。

隈　松隈氏是双胞胎吧?

三浦　是双胞胎。小章也是建筑师,就是他租了。

隈　藤井厚二是Hoichoi 制作公司马场康夫先生的祖父。

三浦　是啊是啊。确实是那样。我之前也知道了这事。还有,Hoichioi的马场先生在成蹊大学的同学有前首相安倍以及世田谷的大地主。那位大地主在地皮上建造了许多高级租赁住宅,是那片地皮进行整体环境设计的原宫胁事务所的人,其中的一个住宅是事务所经手的,由建筑师坂茂负责。

隈 听竹居是私宅呐。

三浦 是私宅。松隈章从主人那里租下来，因为维护费用很高，为了筹措维护费用和修复费用，所以对外公开并且收取入场费。而且，松隈洋的夫人像管理责任人一样，还会为我们进行导览。

不过，听竹居所在的京都山崎可真是个好地方啊。那里的水也美味，因此有山崎的"山崎"威士忌，有三得利的工厂，也有朝日的工厂。那里好像还有个建筑物是安藤忠雄设计的。

隈 朝日啤酒的工厂是安藤先生设计的。

三浦 那大家岂不是会说这个要不是安藤先生设计的就好了。

隈 因为是阳物性质的呐。

三浦 这次，世田谷区政府机关也是按照安藤先生的设计改建的。现在的世田谷区政府机关是由前川国男[4]设计的呐。1959年建造的。因此，要改建的话，肯定会引起反对，所以一直都很隐蔽，然后就突然拿出了改建计划。尽管如此，却还是发生了反对运动。在一般居民看来，他们也不知道

听竹居

建筑师藤井厚二设计的听竹居，具有符合日本风土人情的设计思想，因而重新受到了关注。（京都·山崎/摄影：三浦展）

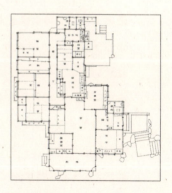

听竹居平面图

（藤井厚二，《听竹居图集》，岩波书店，1929）

前川国男是谁，倒是在电视上看过安藤忠雄，所以知道他，他们应该会想，让那么厉害的人来设计难道不好吗？然而，安藤先生又改建同润会，又改建前川国男的建筑，是怎么想的呢？认为自己的建筑历经50年后也被改建了就好吗？也不会说"现在区政府机关的建筑特别棒，因此我不改建了"吧？

接着回到我们的话题，山崎的听竹居位于小山丘上，视野也好，住宅也充满了智慧，很有意思。

隈 藤井厚二有位老师叫武田五一[5]，他是东大建筑系的浪子。不同于以东京建筑系的大人物、设计了东京站和日银的辰野金吾为代表的国家建筑设计的主流，武田反其道而行之，所以才待在京都。那位武田先生以茶室论作为毕业论文，这在全世界都是头一回。茶室之类的，是与国家几乎没什么关系的私人化存在，也是目前建筑史研究的对象，可是居然谁都没想到。

三浦 哎？那是什么时候的事情？

隈 20世纪30年代。

三浦　那个时候还没有人从事这方面的研究。

隈　在现在的和风建筑中，学生们最感兴趣的就只有茶室了。

三浦　时代变化了呐。

隈　当时的茶室是娱乐的世界，令人吃惊的是，在东大的建筑领域存在着这样的意识形态：中世和平安时代的研究才算作正统，之后的东西连教的必要都没有。即使在近代，茶室也是茶人等那些高不成低不就的一群人打造的娱乐世界，完全没有论述价值。作为正统的国家教育机关的东京大学学院派来做这些事，那更是如此。

三浦　也就是说，与政治和宗教直接挂钩的就是建筑吧？果然还是三高性质的呐。

隈　古代直至中世，都是三高化的，近世以后就变低了，这很有趣。在东大那样的主流中，武田先生的茶室论是异类，但是他也不知道将茶室与自己的设计理论怎样结合才合适。去欧洲旅游的话，完全不能把自己和伦敦那样的大城市紧密联系在一起。然而，去了苏格兰之后，看到麦金托什世纪末风格的古朴、闲寂的建筑，就会发现这正是茶室的韵味啊，喜出望外。

三浦　麦金托什，很不错呐。

隈　　他曾说，麦金托什虽然创造的是黑白世界，但是却运用了各种奇妙的曲线，具备十足的颓废感，他想，自己的茶室就是这里了吧。他有一种自信觉得自己在这里待着就可以了。他认为待在这里的话，就可以将设计论和茶室论结合起来了。虽然武田先生的实际作品并没有达到预期效果，但是藤井厚二继承下来，建造了麦金托什式的听竹居。如果了解了这样的前因后果，无论是茶室论，还是听竹居，作为相对于东大式的反命题，都充满了三低性质。在设计图方面，像是具备了整合性，也像不具备整合性，并且装饰了麦金托什的钟表。

三浦　啊，是吗？对于钟表，我是有点想不起来了。在我读过高桥功的《现代主义者的梦——居住在听竹居》后，我恍然大悟，原来如此啊，这么一说，看起来确实是麦金托什风格呐。

三低感觉的学生，必定对三高建筑几乎没兴趣啊。简易族也是如此。所以他们为什么不去看看那样的名作呢？虽说没看过那样的建筑，但是看过阿佐谷住宅之类的也很开心。总而言之，没有很伟大似的大张旗鼓出现在教科书中的家伙，才更有魅力吧。比如普通的民宅。虽说是民宅，但并不是飞驒高山之类的，而是更普通的，那周边的民宅之类的。

限 飞驒高山让人不爽。

三浦 高山和谷中现在都观光地化了，出售一些特产之类的，心情有点不爽。倒不如普通的商店更有趣。那周边的动向，在现代的建筑师中最接近三低性质的还是藤森照信先生。

限 藤森先生过去热衷于"建筑探员"活动的那段时期，藤森研究室就像变成了通气孔一样，沉溺于三低性质事物的学生们通过藤森先生看到了许多过去的建筑和城市，但是藤森先生本人开始建造建筑时，却有点三高化的感觉呐。实际建造建筑的行为，多少总会有点三高的性质。连藤森现在也三高化了（笑）。那么三低的学生……

三浦　连那里都不去？

限　　嗯。

三浦　这样的话，他们连到高圆寺也不会闲逛着走过去
　　　吧？再比如说柏和町田之类的。

限　　是那种感觉啊。

三浦　限先生和清野由美女士也在高圆寺漫步吧？

限　　在《新·城市论TOKYO》的附录中，为了名为
　　　《乡村论日本》的书去取材，那里面提及的村子，
　　　不仅仅是乡间的村子，也有城市的村庄。想着乡
　　　间的村子能够搜集到什么吧，实际上却已经三高
　　　化了，所以又想着东京的高圆寺会不会反而是村
　　　庄呢？……就到那附近去走了走，果然有很多奇
　　　怪之处。

三浦　第一次去高圆寺吗？

限　　当然大学时代也溜达过很多回。

三浦　她是在那边吗？

限　　挺近的呐。

三浦　限先生的大学时代，正是高圆寺的全盛时期啊。

隈　　确实呐。中野也是个不可思议的地方呐。还参观了阿佐谷住宅呢。

1 【SML】

政法大学研究生院毕业的年轻女性建筑师三人组，按照身高的高矮顺序依次起名为S、M、L。这绝对与雷米·库哈斯以及布鲁斯·毛无关。她们致力于便利店建筑等方面的研究。

2 【听竹居】

1928年，藤井厚二在京都山崎设计并建造的私人住宅。实验性地建造了"真正适合日本气候、风土，以及日本人身体条件的住宅"。在环境问题滋生的情况下，现代看来这是非常具有前瞻性的住宅，因而再次备受瞩目。

3 【藤井厚二】（1888—1936）

建筑师。东京帝国大学毕业后，初期在竹中公务店做工。1920年开始在京都的山崎五次设计并建造被称为"实验性住宅"的个人住宅。并在那里反复进行生活实验，追求适宜日本风土气候的住宅的舒适性。

4 【前川国男】（1905—1986）

建筑师。大学毕业后进入柯布西耶的工作室。战前挑战了"自宅"（1942）等木结构的现代主义建筑。战后依然追求独立风格的近代建筑。代表作是东京文化会馆（1961）、东京海上大厦（1974）等。

5 【武田五一】（1872—1938）

　　建筑师。1897年毕业于东京帝国大学。1900
年开始在欧洲留学三年，将新艺术运动等欧洲
的艺术运动介绍到日本。创建了东京帝国大
学的建筑学科。主要作品有京都府纪念图书
馆（1909）、京都帝国大学本馆（1922）等。

2.7

"三高"又"三低"的宫胁檀

三浦 啊，是吗？这次我和大月敏雄先生一起出版了关于阿佐谷住宅的研究著作，书出版的时候如果已经被拆毁了，那就太不爽了。之前，我们进行了现场考察兼出版纪念演讲会。大约有20人，学生也聚集了数人。阵内秀信先生也为我们发了言，虽然聚集了很多人，但是意外的是，大家都是初次参观阿佐谷住宅。当然，正在游览的人也是初次参观。原宫胁檀事务所的人也来了，他也是初次参观。

隈 宫胁檀看起来是三低化的，是近十年来的现象呐。与以前的印象完全不同。我们上学的时候，宫胁先生作为设计课题的讲师来过，虽然芦原义信先生是设计系主任，但是他本人很忙，所以请外边的人来指导，其中就有宫胁先生。当时的宫胁先生专攻外表闪光的畅销住宅，在校园中驾驶着蓝色的宝马车，穿着藏青色的夹克和白色的轻便运动鞋，完全是三高性质的帅气呐。

这样的宫胁檀是被矶崎新和原广司葬送的。宫胁檀那样以有钱人为对象的住宅创作者，知性水平低，看起来就像是伺候老奶奶的长卷毛狗建筑师。矶崎新和原广司，特别是矶崎新的出现，对于建筑界而言意义重大。仅仅创造美观的东西，那并不是三高，要具有知性，而且要作为理解历史文化内涵的知性存在，这才是三高的条件。过去不是也有丹下健三式的三高吗？那是近代主义的三高，城市规划那样巨大的构想也被捕捉于单体建筑的连续延长线上，这种基于极尽近代主义的扩张主义世界观，确立了丹下先生的地位和风格。

然而，那种类型的三高，在丹下先生去东大创建城市工学系之后，就遇到了挫折。那是1962年成立的，当时大家都很确信城市规划的有效性，毕业生进入社会时，他们完全不明了城市规划本身是否有意义。在那个时代，所谓的城市规划，成了为管理部门所写的报告，并非为实现而写的报告，而是为报告而写报告。受到挫折的学者们，为赚小钱而写的报告……

对那种挫折起到决定性作用的就是矶崎新。矶崎新是丹下健三先生最优秀的弟子，他成为城市工学系的教授时，日本的城市规划或许已经向其他方向移动了。这位最优秀的弟子发表宣言：城市规划这种东西才是最近代主义、最具扩张主义性质的，是已经过时了的东西。为了资本主义而设计郊外住宅的宫胁檀那一类人，毫无疑问地存在于近代主义、扩张主义的构图中，欢天喜地地设计作为零件的郊外住宅，并致力于那种构图的再生产，像城市规划师一样愚蠢、拙劣，亦不知反省。这是矶崎先生在20世纪70年代提出的构图，学生们沉迷于这种破坏性的想法。

因此，当1976年宫胁先生在东大开着宝马兜圈时，我们已经报以蔑视的目光了。结果感觉他看上去像是长卷毛狗老爷爷。不过宫胁先生在现在的年轻人中很受欢迎。2008年在关于宫胁先生的研讨会中，我演讲时还出现了有人站着听讲的盛况呢。长卷毛狗……如今看起来是三低的吧（笑）。

三浦　是吗？在住宅区设计这个领域，宫胁先生被评价是无人能及的。即使向新城市主义讨教，如果想要以日本的方式来消化，据说宫胁先生也是无人能超越的。

隈　说到宫胁先生，实际上他是严格依据现实而进行设计的现实主义者。他很贴近客户的生活，也会认真听从他们的要求，这是他的老师吉田顺三教授于他的。在艺大这样的美术院校，与东大所代表的国家性事物相对立，吉田顺三树立了"忠于生活的建筑"准则和与之对抗的建筑。其中最胜任的弟子就是宫胁檀。宫胁先生对人的温和且光，不仅限于住房，在日野也进行了非常有趣的住宅区规划。住宅之间的区划，道路与住宅之间的区划，都模糊化了，既是道路，又有庭院的感觉，道路的正中间孤零零地生长着一棵大树，像真的部落那样自然而沉静。日本的建筑和道路的法规，是不允许那样在路中间种树的，那是宫胁先生经过很多斗争才得以实现的。为什么这种事情会被法规所允许了呢？那是因为建造了暧昧而柔和的住宅区。然而，受到矶崎新一派的新三高主义毒害的建筑系学生们，完全不关注日野的项目。宫胁檀长期被无视，如今看来，他的设计优良而素雅。

三浦　我也想去看看呐。那是日野吗？

隈　那个住宅区相当好。我在学生时代看到宫胁先生那像长卷毛狗一样的侧面，我想，这位老爷爷还是个不错的人呐，不是吗？他会带着学生去吃烧烤，聊很多话题，这正是吉村顺三传授的艺大一派的建筑教育，建筑本来就是边喝酒边和客户闲聊，这样才能与客户感同身受，才能根植于那周边的生活……

三浦　啊，果然还是低姿态呐。一边喝酒，一边与委托方闲聊，才能感同身受，设计出建筑，我发现这种姿态被"合作住宅"的企划人继承了。我的熟人，Team Net的甲斐先生，他的做法正是如此（在隈先生为我撰写文章的《脱快速风土化》中，甲斐先生也撰写了文章）。他经手的物件中，有好多案例，都是地主照样住在那里，将土地的一部分作为合作住宅。

隈　　我深深感到，我能直接和宫胁先生交流真是太好了。之于我而言，与宫胁先生那样的现实主义者见面，那段时光很快乐。

三浦　建筑师如今与过去比起来，建造住宅做不到低姿态了，只是一味地遵照要求。

隈　　宫胁先生具有人格魅力，又很受欢迎，好像与委托方的夫人也发生过点什么事。低姿态过头了呐（笑）。

三浦　原来如此。比现在的三低还超前的受欢迎男士啊。而且开着宝马，也是三高化的。东大出身，又是建筑师，还开着宝马，而且还低姿态，这难道不是很赞吗？他在夜世界中好像也占有一席之地呢。

隈 宫胁先生将建筑师的宿命相对化，并一笑置之，其中包含高视线，也包含低视线，还是他有魅力啊。与委托人的夫人一聊，她说想要费雯丽在《飘》里面那样的楼梯之类的（笑），他说：30坪的房子安装那样的楼梯，就什么都不剩了呐（笑）。所谓建筑师，就是借助这种感觉，将委托人和社会建立联系，这个从实际的逸事中可以学习到呐。现在已经没有老师会教导我们这么关键的事情了。建筑教育中深藏着变了形的三高思想。虽然能传授设计，却不能传授社会的关联性。无论建筑看起来何等充满着三低韵味，何等简朴，将其美学形式独立出来进行再生产，立刻就会变成三高性质了，变成一幅了不起的样子，令街道窒息。就像过去的清水混凝土那样。所谓建筑设计，就是那样以某种形式，被现实所追逐，稍微一偷懒，无论多么三低化，都会以三高的形式风化，没有老师教导我们这种宿命。我跟学生们说，关于那些，就多读一读三浦先生贴近真实社会的接地气的书，好好学习吧。

三浦　那真是太感谢了。

2.8

郊外住宅的界限

三浦 由此，我去参观了宫胁先生在日野（设计）的住宅地，或许是因为期待太高了吧，虽然不至于不好，但还是觉得差了一点儿。

首先，说起植被，树的高度全都过度修剪，缺乏多样性。哎，不过再过二三十年，楠木长成了高大的树木之后，说不定就有多样性了，但是那样狭小的住宅地，能培育出高20米的楠木吗？

其次，因为各户的庭院都很狭小，却都建成了两层，走在小路上会有一种压迫感。若是有一半是平房就好了。如果不这样的话，可以再将庭院拓宽一些呐。还有的借植被隐藏房屋，有一种封闭感。

再次，虽然有小公园，但是公园对面的住宅却背对着公园。感觉这是出于安全防范方面的考虑，因此没有面对公园敞开正面。南平这片住宅地原本是将地面斜切而产生的，车库位于一层，大多数住宅的构造是从那里上了台阶之后，就走到了玄关。在家里看不到外边的道路，因此是一种容易滋生犯罪的构造。实际上犯罪增加了吗？告示板上写着：町内会在巡逻。确实也有在来回巡视的男性。如果是美国的新城市主义，会设计成将房子的正面朝向公园，这样的话父母可以透过窗户看到孩子们在公园里玩耍的姿态。而且车库建造在房屋的一侧。面对道路的至少是玄关或者窗户，而并非车库。

最后，只有独栋住宅一个挨一个被安置在那里，相当沉闷啊。人们能深刻地感受到建筑师的个人主张，并非简易风格。我想，宫胁先生果然是三高化的。车库里停放的也只有高级车，倒也不是奔驰之类的，而是宝马迷你、阿尔法·罗密欧等有点陈旧的进口车。也就是说，这里只聚集了价值观相同的人。从这层意义上看，这只不过是典型的郊外住宅区。当然，新城市主义也解决不了这一点。

那片住宅地的周边全都是典型的郊外住宅区，全都是带有庭院的独栋建筑排列在那里。没有公寓，没有公寓楼，没有烟铺，什么都没有。很无趣。房子完成的时候大致也是相同的时代。最旧的房子和新房子相差不超过10年吧。确实是典型的郊外。那里无论加建多少宫胁檀设计的住宅区，也没有意义。

我从家里到工作的地方骑自行车通勤，直接骑过去的话不到十分钟就能到，很无聊，有时候也为了健康，特意骑30分钟到一个小时左右，有时候骑两个小时，到杉并的住宅区绕一圈去上班。会路过玉川上水、神田川、善福寺川的边上，也骑到过浜田山和阿佐谷住宅附近之类的地方。

因此，对于杉并的住宅区，我了解得越来越详细。房屋有建造80年以上的，也有新建的；有豪华壮丽的地主私宅，也有破旧的公寓，意外的是还有带阳台的双层公寓。栽种的植被中，高达30米的光叶榉树和红松也并不稀奇。很多人家的院子都很宽敞，因此走在路上也并没有压迫感。平房有很多。而且，每家的庭院里会栽种自己喜欢的草木，因此植被多样化。当然也有商店和街区工厂，甚至连锦鲤店都有。既是住宅地，又具备多样化的城市性。我觉得比起这边来要好多了。

然而，宫胁先生在晚年时，对建造独栋住宅的意向进行了彻底的批判。倒不如说他是因为着手建造了日夜的住宅区才转而批判郊外的。我想，如果宫胁先生如今还健在，或者说是宫胁事务所的原班人马，他们一定会批判性地超越南平那个层次的住宅区吧。

对于简易族来说，他们会质疑，住宅区为何物？住宅之类的有必要是新的吗？正如宫胁先生和隈先生所批判的那样，在郊外连土地买下独栋住宅，买下自己的私家车，如果把这种梦想赋予所有大众，只会增加寒酸的住宅区。因为大家会在不到50坪的土地上建满房子，还要建造车库。要规定100坪以下的土地不能建造房屋，这样最好。买不起独栋住宅的人，就住集体住宅、双层公寓和低层住宅，那样的话，街区会变得更好吧。如果无论是谁都能得到包括土地在内的独栋住宅，那也太奇怪了。包括土地在内的独栋住宅的梦想，是冷战时期的美国，以及日本反共政策的意识形态。因此，或许是因为冷战和反共都结束了，才产生了连房子和车都不想要的简易族吧。

其次，如果禁止在不到100坪的土地建造独栋住宅的话，无论如何都想要独栋住宅的人，就只能搬到地方去了。现在民主党政权执政，免去了高速公路费，使得地方通勤成为可能。可以的话，最好是规定环保车免过路费，普通汽车收费。在地方住着占地300坪的大房子，每周去公司一次的生活方式能普及的话就好了。佛罗里达州迪士尼庆典社区的居民中，有很多30多岁的商务人士，我问管理人员他们到底在哪儿工作，他说他们每月去纽约或者洛杉矶一两次。在日本，如果能住在冲绳，每月去一两次六本木那就好了。然而，实际上，六本木之丘的居民们，都是乡下出身的暴发户，他们很想住在六本木。

2.9

从白昼城市到夜晚城市

三浦 最近，我读了一本研究跨越战前战后的城市规划师石川荣耀[1]的书（中岛直人等著《城市规划师——石川荣耀》，鹿岛出版会），是本很有趣的书。石川也去过莱奇沃思，向雷蒙德·欧文[2]学习，石川将战前设计的名古屋规划案给欧文看，欧文好像进行了这样的批判："这个规划案体现的是产业本身，缺乏人生（的感觉）。"因此之于石川，虽说是城市规划，其实是推进商店和闹市区的美化进程，商店街不再只是商业化的场所，而是发展成喧嚣的娱乐广场，石川就是这样的人。此外，考虑到星期天和夜晚才是人生的重要时间，因此他说"夜晚的城市规划"才是重要的。这很有趣。读了之后，我感到，这与我关于快速风土化的批判有共通之处。另外，这本书的五位作者都生于20世纪70年代，其中四人出生于1976—1978年，都相当年轻，这一点我也很感兴趣。

隈 实际上他是否实践了那种"夜晚的城市规划"呢？

三浦 好像是实践了。虽说是商店街的美化运动，他注意到日本的商店街就相当于欧洲的广场，即不另外建造广场，更重要的是享受商店街的快乐。他标榜"从城市规划工作室走向街头"，开展了很多活动。昭和四年（1929年），他出版了《夜晚的城市美妙漫步街之研究》，他的活动非常有趣，此外，我觉得现在的年轻人能研究这个问题，这一点也很有趣。

隈 说到城市规划，我们在学校受到的是丹下健三[3]那样的教育，不是吗？因此根本没有听说过石川荣耀。

三浦　我也完全不知道啊。但是城市规划学会现在设立着石川奖呢。

隈　是吗？

三浦　说到"晴与气"这个计划，就是那种感觉啊。年轻人去研究那种事情并且出了书，是铃木博之推荐的。我想，果然还是到如今这个时代才会出的书啊。之后，我扩大了自己的联想，石川荣耀构思夜晚的城市规划那个时代，与永井荷风徘徊于玉之井的时代大致是重合的。就是1930年前后。也就是柯布西耶出版《辉煌的城市》那个时候，也是板仓隼三进入柯布西耶事务所的那个时代。在那个时代，因关东大地震和市区整改，江户街道失去了原本的面貌。在真正成为近代都市的东京，荷风一面享受，一面失望，跨过隅田川，走到了玉之井。这正是夜晚的城市。然而，玉之井的妓院原本在浅草，因为市区整改修建道路而被迁到了这里。这样，荷风沾染了被光辉明亮的世界所排除在外的世界。恐怕即使在巴黎，荷风应该也会沉迷于那被白昼世界所排挤的

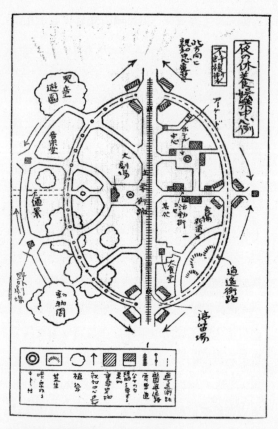

石川荣耀　夜晚的休闲娱乐中心案例　1926

石川为名古屋城市规划奠定了基础，并致力于东京的战后复兴规划。也是新宿歌舞伎
町的创始人兼命名者。

(参考：中道直人等著《城市规划师——石川荣耀》，鹿岛出版会)

夜晚世界的魅力吧。无论是田园城市，还是柯布西耶，都很重视白昼的太阳。从当时的社会状况来说，那也是理所当然的。另一方面，也排除了夜晚的世界。举一个浅显的例子，在郊外新城镇的车站前，就没有可以落脚喝杯东西的地方。然而，即使处于以光辉白昼的城市规划为主打的时代，也有构思夜晚的城市规划的规划师，这挺有趣的，如今的研究者也研究这个，值得期待。

隈　说到城市规划教育，在欧洲，柯布西耶算是城市规划师，在日本，丹下健三算是城市规划师，除此之外的那些人，只能算是一些来来去去的滑头。柯布西耶本身就说过："想为商业街重新化妆，我们做这样风趣的工作不好吗？"正是那种为商业街重新化妆的工作，才是城市规划的根本呐。但这并不是柯布西耶或者丹下健三这样的三高精英应该做的工作，所以割舍掉了呐。但是却影响深远，对于建筑教育来说。

三浦　从近代城市规划来看，商店街正是三低性质的东西、卑俗的东西。然而，精英阶层更应该做一些这样风趣的工作。就好比在教育的世界也是如此：精英成为大学教师，学习不怎么样的成为小学教师，更不行的去幼儿园当保姆，这完全是反过来了。接下来会怎样不得而知，柔弱无力的小孩子们，更应该由优秀的人来教育。

1 【石川荣耀】(1893—1955)

　　　城市规划师。1918年毕业于东京帝国大学。
　　　1920年，承蒙城市规划法的施行，完成了名古
　　　屋的城市规划案。战时负责过上海城市规划
　　　案，战后作为东京建设局局长，致力于战后复
　　　兴计划。

2 【雷蒙德·欧文】(Raymond Unwin，1863—1940)

　　　英国城市规划师的代表人物。对埃比尼泽·霍
　　　华德的田园城市思想产生了共鸣，设计了巴利
　　　公园、莱奇沃思、韦林、哈慕斯泰德等田园城
　　　市。设计中参考了英国中世纪的农村面貌。著
　　　作《城市规划实践》(*Town Planning in Practice*)
　　　附有杜哈尼·赛伯的复刻版序文。

3 【丹下健三】(1913—2005)

　　　20世纪日本的代表建筑师。晚年，参与了多个
　　　国家的项目。曾在东京大学任职，培养出引领
　　　了日本建筑的槙文彦、矶崎新、黑川纪章等日
　　　本建筑师。代表作有代代木体育馆（1964）、
　　　广岛市复兴城市规划（1946）、日本世界博览
　　　会规划（1970）等。

2.10

从私有主义式的郊外脱离

隈 　我持有一种假说：在现代，旅行与建筑在某种程
　　度上可以互补。住宅的私有政策开始施行时——
　　美国是在战后——诱导郊外的开发，诱导住宅贷
　　款，号召住宅的私有化。国家积极地进行政治宣
　　传："通过私有化，你们的生活会变得更幸福。"当
　　时，欧洲进行了政策性的反对活动。并非采取强
　　硬措施，而是采取了连续休假这样的柔和手段，
　　希望解决劳动者的不满。是勒令休假的连续休假
　　政策。如果旅游花钱的话，对于经济本身就会有
　　所波及，是相当柔和的政策。这是与美国的产权

房政策相对应而产生的做法。总之，就是建筑和旅行之间的互补关系。

在柯布西耶写的书中，最具政治宣传意义、最成功的就是《走向新建筑》（1924），在全书结束时，他写下这样的名句："是建筑，还是革命。革命能够避免。"我认为，没有什么能比这句话更能言中20世纪美国住房贷款的本质了。20世纪美国的本质就是对革命的恐慌，住房贷款政策作为与之对抗的政策，通过它彻底地使大众保守化，政治安定下来。柯布西耶在住房贷款规范化之前，就已经预言了这个的实现，十分厉害。罗斯福新政以后，凯因斯扩大公共事业投资的政策，可以说也都被柯布西耶的一句"是建筑，还是革命"一语击中。

然而，实际上，在建筑和革命之外，还应该有很多选项可以选择，无论连续休假，还是福利，都是除革命这个暴力手段之外重要而有效的选项。柯布西耶故意无视了这些，想避免革命的话，那就把设计委托给我吧，他以这样的策略果断地将形式单纯化，选择一种恫吓式营业。《走向新建筑》被作为圣经一样阅读，从这个事情本身，就能感受到那个时代的阵阵寒意。

三浦　在我的书《"家族"和"幸福"的战后史》中，开头我引用了建造了莱维敦的威廉姆·莱维特的名言："拥有自己的土地和住房的人，谁也成不了共产主义者。"这正是作为反共政策的住宅政策。

不过我最近想调查的是，柯布西耶对福特主义相当上心，实际上还去福特和GM的工厂考察过。他想摸索出建筑是否也能像汽车一样使用大量生产的零部件来进行高效生产。然而，实际上实现了住宅福特主义的是莱维敦。这与柯布西耶所描绘的城市景象正相反，这种景象是独栋住宅零零散散建造排列至地平线的另一端。柯布西耶看到过这个吗？应该看过照片吧。那样的话，我想知道他是怎么想的。

汽车正是让个人自由移动成为可能的机器，我们深知这触动了柯布西耶的心弦。如果个人能够自由地移动，比起柯布西耶式的城市，产生莱维敦式的郊外那就成了必然。

隈 柯布西耶书中提及的美国，就像只是个巨大的导弹仓库那样的东西。然而他并没有提及像莱维敦和摩天大楼那样的现实主义，他是否认为那些符合美国的现实主义呢？

三浦 如果听说存在以福特式的方法来建造巨大的住宅区的街道，他会怎么想啊？

隈 多半会厌恶的吧。我想他不屑于与之一决胜负。

三浦 相对于美国那种独栋住宅的倾向，欧洲即使是中产阶级也有很多人住在集体住宅中。

隈 欧洲在美国的产权房政策之前，就已经致力于集体住宅政策，为了让劳动者以低廉的房价住进公共集体住宅，为了避免革命而努力着。公共集合住宅与连续休假以及福利等配套实施呢。然而，美国以公共集合住宅与共产化有关联为借口，从那时开始就彻底摒弃了公共住宅。19世纪末至20世纪，以一位名叫帕斯的女性社会活动家为中心，开展了一场名为"聚集住宅"（Collective Home）的运动，它是一场基于一种共同生活的家政共享、合理化的有趣运动，但是却因为反共的理由，被完全摒弃。之后的美国，除了郊外住宅和开发公寓之外，别无选择。在19世纪的美国，家政问题首次得到关注。在《汤姆叔叔的小屋》一书中，以著名的比彻·斯托夫人的姐姐凯瑟琳·比彻[1]这样的女性为核心人物，他们一边致力于奴隶解放，一边立志通过家政的合理化来谋求女性的解放。作为运动的延伸，帕斯的家政运动也被包含其中，但还是因为反共的理由被摒弃。之后的美国，住宅成了单纯的商业贩卖对象。

在那之后继承了那个主题的是，第二次世界大战之后北欧的"合作房屋"（co-operative Housing）。作为福利政策的一个环节，它是依靠公众力量建造起来的家政共享型的集合住宅，主要目标是单身母亲。她们这样共同居住能够好好养育子女，并形成了一种运动。美国不仅是诞生了家政学视角的国家，住宅最终也渐渐发展为完全不动产的对象。从家政学视角来看，有一个身为美食评论家却因为偷税漏税被捕的客嗇大婶，最后也跑去了其他的商业领域。过去在美国也有过家政学和建筑规划紧密联系的时期，实在遗憾啊。

三浦　说到一个与此有关的事情，莱奇沃思最初有面向单身劳动女性和高龄者的协同住宅。它们给人的强烈印象是有钱人的独栋住宅，其实也有面向劳动者的集体住宅，那一带多样性十足。从最初开始，就配备了面向那样的非标准世代的住宅，比如被称为"太阳光大厅"（Solar Shot Hall）的协同住宅，内部建造了中庭，住着单身人士、新婚夫妇、高龄者等，并且由中央厨房来做饭提供饮食，既可以在自己的房间用餐，也可以在公共食堂用餐。其中好像还有很多可以共同使用的房间。也就是说，那是庭院和食堂共享的协同住宅。在单身人士或者新婚夫妇的家庭人口增加了的情况下，莱奇沃思还有很多更大一些的住宅可供他们搬入。孩子长大的话，也可以搬入更宽敞的住宅，孩子独立之后又变成了夫妇二人，或者又变成单身时，再搬回太阳光大厅，就是这样的机制。怀特本人也在那里居住到1920年。

隈　　英国相对美国而言，更是富于阴影呐。

三浦　话说回来，曼哈顿在战前也建造了集体住宅呐。

隈　　是低层的建筑，以作为素材使用的石头的名字来
　　　取名，叫作Brown Stone（褐石）。在日本，也就是
　　　所谓的连续型、经济型住宅的大杂院。

三浦　那种居住方式几乎还没有普及呢。

隈　　那是在住宅贷款政策之前，仅限于富裕阶层的
　　　住宅。

三浦　啊，是吗？

隈　　即使是普通民众也可以拥有住宅，在这样的诱
　　　导之下，结果住宅全部成了买卖的对象，作为资
　　　产的房屋变成了荒凉的存在。

三浦　有人说那最后和金融危机联系在一起了。

隈　　联系在一起了，结果还是露出了破绽。在美国也
　　　有人注意到，产权房制度正是美国的病症所在。
　　　我觉得最有趣的是因《地球号太空船操作手册》
　　　和《富勒球形屋顶》而出名的理查德·巴克敏斯
　　　特·富勒[2]的观点。他在早期说过："住宅的私有
　　　化将人类猛兽化。一旦拥有了住房，就追赶靠近

的人，像猛兽一样残暴化了。"我做住宅设计的时候也是，经常会遇见猛兽化的人呢。好多人动不动就上头。用公司的钱来委托我为公司的建筑施工时，都是客观冷静的人。如果是为自己家设计的话，就变成了像是"我的人生与此息息相关，你还我的一生"，或者"你要是让它漏雨的话，我不会让你活下去的！"之类的猛兽化状态（笑）。洽谈设计住宅的事情，最费神了。

三浦　是变成了投诉者吧。

隈　　时常比投诉还严重呐。

三浦　确实，我认为住宅和汽车的私有化与投诉者也有关系。

隈　　在美国，投诉能够成为文化本身所包含的内容，是与私有化相关联的。

三浦　那个大约晚了20年才出现在日本。

隈　　凄惨呐。

三浦　过去的话，恐怕即使向商业街投诉，对方也不会搭理的呐。我想店家会说：你在说什么胡话，开玩笑吧？因为他们有历史有自豪感，他们还会说：知道我卖这东西卖了几十年了吧，这东西你这么弄那肯定会坏的呀……但是如果是在JASCO的话，店员会点头哈腰，客人说什么他们都会听。去JASCO的话，入口处有"客人意见板"，上面贴着投诉的便利贴。30多张里面大约有20张都是同一个人写的。比如某年某月某日对店员不满意之类的，真是有病。就是那种状态呐。我不知道那个人是否住在独栋住宅，正像是自己买了之后成了自己的东西但是却坏了，那种偏执的私有意识呐。

限 因为物质在这个世界是滴滴答答循环流动的，私有之类的只不过是幻想而已。

再说富勒怎么做的呢？ 他想做出最终可行的预制件住宅。他将其称为"戴梅森住宅"（Dymaxion House，原意：最大限度利用能源的住宅），这个独特合成词是由"dynamic"和"max"组合而成，此外还有"戴梅森车""戴梅森网格球顶建筑"等很多不可思议的发明（笑）。所谓戴梅森住宅，就是将全部材料塞进一个圆形罐状容器中，用卡车运到之后哗一下子组装起来，是一种出人意料的预制件住宅呐。

三浦　像蒙古包似的。

隈　　就是金属的蒙古包呐。美国还留有几个现成品，在底特律的福特博物馆，将零碎的部件集中起来建造了一个完整的原型。在修复过程中，我去参观过，有着相当高的艺术性的完成度，我心想：这就是预制件住宅吗？比如日本的制造商也发明了旋转晾衣架系统啊，其中就包括与之相同的东西。那时是20世纪40年代啊。浴缸也是由铜板制成，具有艺术的精度。并非普通的陶瓷浴缸，而是为了轻便用金属板制成的浴缸，已经算是艺术了。比传统茶室、旅馆的浴室设备还要好。富勒在战争接近尾声时，与航空产业合作，但是因为战争快要结束了，接下来飞机制造业就多余了。针对此政策，并且为了建造战争归人的住宅，他策划了戴梅森住宅，自己也投资成立了企业，但是却破产了。在这种意义上，美国并不接受像是刚产生的简易族的低廉住宅的供给系统那样的事物。是想在私有化的事物上添加自己的韵味吗？那种像厚重的花蛋糕房屋一样的东西，如不加以私有化，美国人是不会接受的，结果富勒在那之后再也不涉猎住宅了，而是埋头建造富勒球顶建筑之类巨大的城市建筑，应正力松太郎之邀，策划了后乐园球顶建筑的原规划案。

1 【凯瑟琳·比彻】(Catharine Beecher, 1800—1878)
　　　　　　美国女性教育家。创建了哈特福女子学院，终
　　　　　　身致力于提高置身家务的女性的地位，并整改
　　　　　　教育环境。主要著作有《家政论》等。

2 【理查德·巴克敏斯特·富勒】(Richard Buckminster
Fuller, 1895—1983)
　　　　　　美国的思想家、数学家、建筑师。1927年，独
　　　　　　自构筑了数学、物理学理论"能源·几何学的
　　　　　　协同作用"，并应用此理论，进行了多种发明
　　　　　　创造。1963年，发表著作《地球号太空船操作
　　　　　　手册》，论述了地球资源的有限性，以及为了
　　　　　　维持地球生活的社会系统。

2.11

建筑创造的新型雇佣

三浦 比起日本的住宅，美国的住宅相当统一。我也看
过很多，例如即使是新城市主义，同一个住宅区
的住宅，无论外观还是结构几乎都一样。像最初
的莱维敦那样，虽然不是完全一样，但也仅仅是
有些细微的差别。因为美国人很快就会搬家，所
以相同的比较合适吧。相反，如果建造成一栋一
栋不同外观住宅的新城市主义住宅地，看起来就
像是日本的住宅展示场似的，感觉很怪。

在美国，只有有钱人才会建造定制住宅，并不像
在日本那样有点钱就立刻建造住宅。另外，即使

是定制住宅，也没有外观和布局相差甚远的住宅吧？日本人委托建筑师的话，会花很多心血。

限　　在美国，定制住宅之类的，只有不可想象的有钱人才能建成呐。

三浦　您如何评价在日本大众化的定制住宅状况呢？

限　　最大的区别就是，在日本可以以低廉的价格建造出定制住宅。这与美国一派的大批量生产型的工业社会有着决定性的不同。美国的话，如果是大批量生产的东西，价格嘎噔就降下来了，之外的价格都变得相当高。两者之间的鸿沟不可小觑。然而在日本，木材的预切割体系，以及手工业与工业化的中间形态十分发达，所以即使是结合了半批量化生产的定制住宅，价格也不会高得离谱。

三浦　与之相应的技术人员薪水也都不高。

限　　工业化的手工艺匠人那样水平很高的人，非常难得地以极低的价格工作着，非常勤勉。

三浦　无论刨子还是打钉器，都是手艺精湛的匠人制作的……

222

隈　　在日本社会依然存在着很多那种中间性质的混合物式的手工技艺，很有趣。是一些既不高，也不低，位置居中的技术。

三浦　我整修公寓的时候也是，因为没有钱用灰泥刷墙，所以请泥瓦匠刷了油漆。那位泥瓦匠曾为筱原一男先生的"墙壁之家"刷过墙，他为我整个单间公寓的整修刷墙，而且还包括刷油漆。当然，人工费要比普通的稍微贵一些。

隈　　那样优秀而且谦虚的泥瓦匠只有日本才有啊（笑）。以那种混合物性质的机制，平面化的社会形态就能够逐渐形成，在此基础上，年轻设计师们就能以极低的价格陆续提供好的设计，而形成一种超越那种高与低的结构。

三浦　因为年轻，所以还不必过多考虑钱的问题，能够以自己的意愿为先。

隈　　以自己意愿设计的东西为重的年轻建筑师，凭借严谨的追求，委托方要出的设计费也能低一些，建筑师也更愿意建造房屋，给多少设计费都愿意接受，这样下去，那么老去之后又将如何是好呢？

实在不得而知。如果是整修的设计，最终会耗费很多功夫，设计费却反而便宜。因此不得不保持三低的状态逐渐老去。

三浦　哎。消费者一方还好说，建造方这一边就……因此，该怎么办啊？日本接下来不会还是建筑师们建造的高楼大厦吧？

隈　会越来越少。作为一种解决策略，我对学生们说：你们只能去中国。我给他们灌输了一种观念：你们只有去中国，才能有工作（笑）。中国至少还有十年时间需要飞速建设，因此只能这样。

三浦　住宅现在还有很多剩余。现在好像喜欢古旧住宅的人增加了。

隈　相反，在中国建造了越来越多的新建筑，中国人认为委托日本人的话，日本人会严格遵守日程，也不会骗人。有一种这样的信赖关系。我不知道称之为信赖关系是否合适，现在有两位日本的年轻建筑师在中国开设了事务所，就是松原弘典和迫庆一郎，好像是相当大型的事务所。到中国数年之后，就变成了那样规模的事务所。三低时代的日本建筑师，除了去中国，别无他法（笑）。

三浦　确实啊。

限　　然而，从日本向中国的移动也成了问题。简易族
　　　不移动，也就是说没机会与人见面，在现成的被
　　　限定的环境中，就那样在美丽中枯萎了吗？这颇
　　　有意味。在我的印象中，简易族回家以后才是简
　　　易族呐。白天工作时会见到形形色色的人，资本
　　　主义社会进行财富生产，由此而运转不息。无论
　　　在外边，还是在家，都是简易族，社会整体会丧失
　　　他人而简易化，那社会岂不是不转了吗？因此我
　　　说：无论去中国还是去印度，跟人相遇去吧。

三浦　哈，简易族也是一种消费者的类型呐。生产方若
　　　是成为简易族，这确实产生了矛盾。

限　　然而，消费者要在这个社会的成熟化、高龄化之
　　　中维持那种程度的生活水平，当真不困难吗？

三浦　我认为现在日本最大的问题就是雇佣。原本建
　　　筑为什么会成为这样的"三高"，那是因为由此
　　　产生了钢铁、混凝土、玻璃等庞大的产业和雇
　　　佣，成为与汽车制造业并驾齐驱的大型产业。因

此，在简易族增加的社会，如果没有新的产业和雇佣，就无法长久。简易族增加了，如果更多人能够仔细长久地使用物品，即使坏了也修理好接着使用，那么就会增加修理行业的雇佣。虽然生产地点能挪到中国，但是修理行业却不能。虽然机械化的生产会产生雇佣，但是修理是人为的。因此，如果这样的产业扩大了，那么就会在国内产生雇佣。我想，在那里工作的正式员工增加的话，收入就会稳定，消费也会增长。简易族之所以成为简易族，最大的原因还是因为他们是正式员工。

隈　正式员工果真接下来也稳定吗？

三浦　不是，也不能说是稳定，只是因为比起临时工来说好多了。然而，认为中产阶层一定会贷款在郊外建造独栋别墅的时代已经过去了，这样一来，考虑自己要时刻保持好心情，要是住在宣传中那样的地方就好了，这样的人就增加了吧。

相反，如果简易族要建造自家住宅的话，最好的选择就是无印之家，实际上，大多数人却没有那个程度的收入。

陨　然而，有土地的话就可以建造了吧?

三浦　有土地的话，就可以建造了。也正因为这样，才会住在地方，或许租地也会增加。对于地方，我发觉年轻人对此相当关心。因为那边没有雇佣机会，所以几乎没人搬过去住。如果有雇佣机会的话，那么不少年轻人会愿意住在地方。原本住在现在东京周边的年轻人，其中一半都是从地方出身的父母生的小孩。那些父母退休之后在东京无法立足，就会选择回到乡下去。然而，最初住在东京的年轻一代，没有必须回的故乡。因此，如果能沿着一流大学、一流企业这样的道路顺利走下去的人之类的，可以找着能够得到自我实现的工作，那么住在东京就有意义，如果不是如此，那就没有住在东京的必要性。因此，有很多人想在地方过悠闲的生活。

此外，租用土地的人好像增加了呐。人口也减少了，土地也卖不出那么高的价格了。如今还在无休止地建造公寓，但是以租地租房的方式细水长流生活的人也增加了。因此，我想街道和建筑果然从所有开始向租赁以及共享转变了。优质的租赁住宅，以及有趣的共享方式等，是众望所归。

限　比起空间，时间的设计更为重要。

三浦　确实如此。建筑方面也是，在新规定下着手于工程的建筑市场，因为规定了人口规模等比例而缩小，或许整修等其他形式的建筑市场会有所扩张。当然新建筑会增加也是好事，我认为整修或者重建也会增加国内的新型雇佣。简易族的增加，乍看之下，某种程度上缩小了再生产，其实那种可能性也是没有的吧。

限　嗯。整修与预制件住宅不同，是不能节约时间的。因为不能节约时间，所以会产生雇佣。从雇佣这个角度来看，还是有益处的。

三浦　因为不能进行大量生产，匠人的数量也会增加。普通的不动产公司操作时都是将廉价的东西啪啪贴上去进行改建，完全不会产生雇佣。如果能增加真正的整修，将技术进行传承，难道不好吗?

此外,我认为地方应该何去何从,也是日本的一大课题,限先生在地方做过很多项目,想必您有切身体会。正如刚才所说,年轻人想在地方居住的意愿十分强烈。我不知道是不是因为有父母家,虽说如此,实际上是因为没有工作的地方所以才不能搬家,那样的地方与城市是怎样的关系,这是一个社会性的课题,从建筑和城市的观点来看有怎样的可能性,各种方面都考虑周全不是很好吗?

还有,因为人口到底还是减少了,陆续建造新住宅出售的商业模式将十分困难。实际上,现在即使在武藏野市等地,土地也卖不出去了。之前在吉祥寺,一块用于建造合作住宅的土地,好像以每坪100万日元的价格出售了。

限　新建造的建筑吗?

三浦　不是,是将古旧的房屋重新建成合作住宅,那时土地价格要比100万日元稍高,其实即使是200万日元也不足为奇。因此,我认为这已经不是随意出售公寓和独栋住宅的时代了。这样一来，我宁可照原样租下来，或者虽然是住宅但是用来开饭店，这才是移动呐。所谓使用方法的移动，并非定居的居住方式，而是改变成人们可以聚集的场所，必须要改变多方面的想法。说到这里，果然我还是想做不动产商呐。

我也想找机会把这套整修过的公寓租出去，我在这个房间中只放置了关于城市、建筑和住宅相关的藏书，最理想的是连书一起租给建筑系的学生。当然家具也一起出租，最好是保持原样出租。不仅仅出租空间，内容之类的也打造到一定程度一并出租。将这样的房间多打造几间出来命名为"简·雅各布斯不动产"，怎么样？

隈 做这个很好，比写书好（笑）。

三浦 这么说来，我想起去年到西新宿做田野调查，那里聚集着五十多家CD、LP、DVD等音乐碟片的商店，以至于被称为"唱片街"。甚至有人来找滚石唱片的凯斯·理查兹要连他自己也不知道的演唱会的盗版碟，实际上，好多店面都将来到店里的海外艺术家的照片贴在门口。虽然大厦整体很破旧，但是大厦的二层、三层、四层都是出售LP和CD的店铺，甚至还有首尔专卖店和世界专业摇滚店等奇怪的店铺。难以想象的巴西专业摇滚也有售呐。然而，不知为何那栋破旧的大厦会给人一种良好的感觉，大厦的设计也相当不错。因此，成为这样的大厦的所有者，就可以规定租户在那里开设自己喜欢音乐的二手唱片店，我想这也是简·雅各布斯不动产的工作之一。

隈 马马虎虎吧，在破烂的大厦损毁之前还是做买卖用吧。也许腐败才是最美味的（笑）。

2.12

简易族的居住方式

三浦 话说隈先生在《新·城市论TOKYO》中讲到町
田时非常有趣，町田曾经是宿场町。那样的地方
成了郊外住宅地的车站终点站，过去的街道和马
路存留下来，像下北泽那样乱七八糟的城市，其
趣味性残存下来，对于年轻人来说很有魅力。柏
或者大宫也都差不多吧。

隈 那么简易族住在怎样的房子里呢？

三浦 就我调查而言，简易族大多数都尚未结婚，也没
有孩子。以简易族的价值观来看，他们对生孩子
这件事还没有下定决心呐。究其原因，在当今的

社会体系中，现实情况是，一想要生养孩子，就不能简易化了。比如教育问题、学校问题、住房问题，以及是否要住在有学校的地区等。

限　不生孩子的话，简易族那样的就不能再生产，渐渐会萎缩的不是吗？

三浦　哎，不只是简易族，不想生孩子的人本身就在增加。

限　简易族能生出简易族来吗？能否再生产呢？

三浦　哎……简易族的孩子也会成为简易族吧。

限　孩子的数量逐渐减少了……

三浦　简易族如何才能想生孩子呢？在乡村的话，教育都是公立性质的，也不必费事与PTA的妈妈同仁们来往，或许他们就想住在那里了，最近因为艺术盛会三年展名声大震的妻有先生或许也有这个可能吧。然而，在东京想要过简易族的生活，在住宅上会过度花费，还会有很多的噪声，会觉得越来越没有信心过简易族的生活。

马场正尊也说过想在市中心进行整改，却突然在房总建造了住宅。因为他是某种程度的天才，我这边好不容易才做完了改造，对方却在千叶建造了独栋住宅，我实在很厌烦被别人说"你落伍了"之类的（笑）。

另外，最近出版了一本叫作 *Flat House Life* 的书，很有趣，是由在高圆寺开咖啡馆的 Mabuluton 公司出版的。所谓的"FLAT HOUSE"不是正确的英语，其实也就是平房。美军的房屋，以及位于山手住宅地的古旧文化住宅也往往有一些平房，为什么着迷于这些平房的人出书了呢？

那种平房全都是建造 40 年以上的住宅，所以既可以把玩古旧的门把手和水龙头，又可以整修成适宜自己居住的样子。这本书对这样的价值观给出了建议。实际上我也喜欢平房，大学时期在国立见到平房之后，我感觉自己就对平房动了心。我想除我之外也还有这样的人吧，感慨颇深。然而，二手的平房正是三低性质的啊。在狭小的土地建造平房，比起二层建筑，能看到宽广的天空，十分宽松，心情也好。这就是三低化。此外，在狭小的土地上强行建造成列的二层独栋住宅,这种日本战后郊外住宅地的令人局促的风景,着实与之形成了对比。我想,这可以说是简易族。

限　对于孩子的教育而言,比起定居,必定还是流动性强一些更好。既了解乡间,也了解城市,房子随着孩子的年龄变化而进行各种尺度的修整比较好。在分售住宅的一栋房子里养育子女,到底还是20世纪贷款政策的欺骗。

三浦　是这样啊。特别是看到现在的学生,就能感受到在郊外的独栋住宅中成长的危害。在那里,承受着通过手机24小时不间断的交流压力,完全就是村子呐。我认为,孩童时代应该多与各种不同类型的人来往,这样的环境很有必要。

限　祖母方便照顾孩子的时候,就把孩子送过去,这样轻便的方式对于养育孩子来说合乎情理。

三浦　在郊外独自建造的房子里成长起来的人,比起我这样从地方到东京,远离家乡必须买房子的世代来说,应该有着更多的自由。然而,他们反而因为与父母的关系很好,所以就定居在那里了。母亲如果是专职主妇的话，孩子会认为自己结婚后也当专职主妇为好。当真如此的话，把孩子放在健康的父母亲那里，这代人就有了更多的能动性。

限 郊外承担着包容祖父祖母式的全部涉及的要素，并且很充分。

三浦 然而，流动式的生活到底还是会有经济方面的大问题呐。比如押金、礼金等。能在空房子中安心居住那固然好，但是还会有教育方面的问题。

限 代表着押金、礼金的不动产方面的流通部分，若能努力成为公共性质的就好了。

三浦 还有，学校教育也是，如果像华德福教育联盟那样的机构能多一些的话，简易族也会想送孩子去那里吧。说到当今的学校教育，无论公立还是私立，都丧失了魅力。简易族专门搬家之后却没有适合孩子的学校。对当今学校有很大不满，去自主教育学校的孩子也越来越多。如果一概废除文部科学省全国统一的教育模式，根据地域情况建立自由化的理想教育模式，简易族也会生孩子并且搬家了吧?

第 3 章

借用的建筑
借用的都市

3.1

要是有类似集体出租房
那样的东西就好了

隈 只要以住宅的私有化为前提，越是巨额商品，利益就越大，无论怎样，生意的对象都是有钱人。其实，因为建立在对出售方有利的条件下，私有化的住宅是不合理的商品。实际上在都市中，之于大家而言并非必要的高档住宅已经成为一种过剩的存在，公寓很难卖出去，不仅仅是因为经济不景气。因为同业界整体多年以来的习惯性怠慢日渐堆积，这样导致同业界整体只能作出改变。我设计过一个集体住宅，你知道吗？

三浦 在哪儿呀？

隈　虽说是集体住宅，实际上大部分是SOHO形式的办公室集合体，项目名称是RUSTIC。那时是1986年，我刚从纽约归来，开设了事务所开始从事设计。它位于江户川桥的斜坡途中。

三浦　喔，我在数年前见到过。

隈　我在大阪也一直从事集体住宅的设计，"都住创"（用自己的双手创造集体住宅的协会）的中筋修[1]可谓是日本集体住宅的先驱，我和他是在纽约开始建立交情的。我从纽约回到东京，尝试开设事务所，致力于建造美观的低成本建筑，后来意识到东京才真正需要集体建筑。当时我住在那附近，是江户川桥附近还算不错的低洼住宅区，有很多小型印刷厂，土地很便宜。中筋先生在大阪建设集体住宅，那地方附近的低洼住宅区空气感十足，这里的话难道不可以吗？

三浦　是谷町那一带吧。最近很受欢迎的家具店TRUCK也在那附近啊。将印刷工厂的建筑直接作为工作室兼产品陈列室，确实与江户川桥的氛围相似。

隈　接着就寻找合适的土地，因为最后必须把土地买下来，那里的门槛实在太高了。银行不给集体住宅这种怪异的模式贷款，所以请建筑工程承包商垫付土地费用，也可以迅速聚集入住人群。大多数都是广告代理店，或者独立设计师和摄影师在大阪开设的东京事务所的分店，也有私宅兼事务所的。然而，之后泡沫经济崩溃了。1991年大楼竣工，本打算便宜购入，但与泡沫经济崩溃后的价格比较，购入的土地费用仍很高。参与项目的相关商家也因为广告关系鳞次栉比，变得不堪入目，也无力偿还建筑工程承包商垫付的承包费用。还有一些人去世了，感到如临地狱，满是心酸。

三浦　哎？那样啊？

隈　结果我的事务所承担了相当重的责任。集体住宅最终也并非成品而是作为定制公寓变为私有，它依赖于私有的欲望，加之泡沫经济的影响，根本一时都坚持不住。一心想要引进集体住宅，一心想要好好做设计，私有化真是不得了。所有权也不得了。认为拥有所有权生活才能安定，才能更幸福，这不过是假想。

三浦　其中，像快门一样的限界集落，都是人去楼空，建筑残存。正是如此，R不动产的人入住那里，即使没有所有权，只要能住在那里就好了。怀着这样想法的人们聚集在那里，大家一起借用那个地方做点儿什么，这样会很有趣。例如，无论是阿佐谷住宅，还是同润会公寓，如果也采取这样的方式就好了。要是有集体出租房那样的东西就好了啊。

隈　我由衷地认为，若是有不以私有为前提的体系就好了。

三浦　大家都一起借用就好了呐。新潟的妻有的艺术项目，也让人萌生此感。废弃的学校平时是作为旅店使用，在那里被用作艺术项目的展览设施。

隈　然而，即使借，若是一般的借用方式，也会产生权利的问题吧。因此，我过去的事务所在青山的后街，是一个木造的旧公寓，即使借用也很快能达成共识。总之，借用的形式是附有立刻出手的契约书。

三浦　啊，旧物也是如此啊。

限　说是想要出手就必须立刻出手，如果不这样，仅仅是普通的租赁合同就会产生重大的权利，貌似对古旧的事物，还会要求相当程度的违约金。

三浦　建筑物的所有者对建筑、庭院以及其中的树木依依不舍，会说不希望那些东西被破坏，加之不是立刻需要现金，古旧住宅存留下来，这是不可能的啊。集体住宅也是如此，若是所有者想要保留过去的氛围，虽然有好些时候会遇到一些案子不让砍树等，但比起维持到缴纳遗产税，还是全部卖掉更好，拿在手里的现金更实在。也有对土地和房子相当留恋的，资金暂且不充裕，留不住房子，300坪的土地被分割成六个部分。我熟人的熟人，战前买了吉祥寺三本有三住过的房子，是三井的厉害人物啊，他的夫人最近也去世了，90多岁，所幸儿子也是有钱人，完全保留了建筑的全貌。还是平房，庭院也还是原样。虽然普通的商品房旧了之后毁掉也不为过，我想战前建造的质量上乘的住宅难道不能活用吗？荻洼有一家住宅被当作饭店使用，希望这样的情况能越来越多。因此，我接下来想给杉并区的土地所有者们挨家挨户洗脑。

限　在那样的土地所有者中您有熟人是吗？

三浦　没，目前还没有啊。与土地所有者的孙女突然坠入爱河，收到分配的土地，这是没有的事儿吧（笑）。前些日子，我因为社会学者的缘故，无意间在荻洼撞见了清水几太郎的住宅，是个相当好的住宅。庭院中有一棵直径 1 米、高约 20 米，颇为壮观的喜马拉雅杉树。

限　现在他的儿孙住在里面吗？

三浦　是的。听说还是一位大学教授。希望那样的东西一直留存下去。

1 【中筋修】（1939—2001）

建筑家。1965年，耶鲁大学硕士毕业。在竹中公务店工作之后，成立安原·中筋建筑研究所。1975年主办了"用自己的双手创造城市住宅协会"（"都住创"），致力于在日本普及集体住宅。

3.2

活用旧物

三浦　持有三低价值观的人以及简易派等，都很喜欢旧
　　　物。如果请著名建筑师为自己设计私宅的话，即
　　　使是很小的住宅，在当代也都是三高型的。与其
　　　如此，倒不如租用古旧住宅来住，我喜欢庭院里
　　　草木丛生，时常邀请朋友在廊下吃毛豆之类的，
　　　这样的价值观反而更佳。

隈　　然而，古旧住宅几乎找不到。

三浦　是无法找到。房地产商根本不想出租古旧
　　　住宅。

隈　　没想到啊。刚开始关注租用旧宅这事，时代却发

生了剧变。

三浦　虽然 R 不动产开始考虑出租古旧住宅了，但是大多数还是公寓式的住宅。很多人想租用带有庭院的古旧住宅，出租方却没有意识到，即使意识到了，但是古旧住宅面积很大，所以租金都很高。然而，如果能顺利租到合适的话，庭院绿景犹存，节能环保。居住在那样古旧住宅中的人都有环保意识，因此他们的生活应该用不着空调吧。隈先生在大仓山的住宅以后要怎么办呢，如果规划成普通住宅的话，那岂不是浪费了隈研吾的名声吗（笑）？

隈　我倍感压力啊。（笑）

三浦　在杉并、武藏野、三鹰附近 300 坪左右的住宅，仅仅是土地就得 4 亿日元，父母去世的话后人连遗产税都缴不起。即使缴纳遗产税，也必须在亲人亡故后 10 个月内缴纳，因此无暇认真考虑如何处置宅院。另外，即使缴纳遗产税，子女也不住，因此卖掉更合适，结果被房地产商出售，然后将宅院改建成为停车场、公寓和小门户。正如刚才所说，这样的话，土地被分割后成了便宜的宿舍式公寓或者高层公寓，建设多样性的街区成为可能，也有这种讽刺意义……然而，如果改建为停车场或公寓的话，从房地产商那里可以收取高额税金，或者保留草木茂盛的庭院，对环境也有好处，也是好的景观，或许可以减税，或者商量十年内缴纳遗产税，应该设立这样的条款。思来想去，最大的限制是国税厅和财政部。

限　说到日本的遗产税，目的是形成和存续优质的中产阶级，虽然也有阻止社会阶级化的原因，但实际上究竟是怎样的机能呢，连中产阶级都不能守护自己的私宅，倒不如说是反而助长了阶级社会。应该从纳税系统本身出发深思熟虑。

三浦　是啊。这样的话，如果梦想住在那样的旧房子里，莫非真有神存在吗？之前我在雅虎不动产看过，我半夜睡不着的时候就会在R不动产和雅虎不动产搜索有趣的物件（笑），所以就找到了。

限　啊？真的吗？

三浦　在杉并，建造将近80年了，27坪左右，租金35

万日元。

限 那相当贵啊。也就是每坪1万日元以上呐。

三浦 我实际去看过，是真正的欧洲风格的建筑，玄关的外墙是抓痕瓷砖[1]。里面是完全欧化风格的三个房间，还配有德国制造的钢琴。那个住宅正在申请东京的注册文化财产。

限 注册文化财产的话，那住在里面就会觉得性价比很高呐。

三浦 那么35万日元的话也太贵了，因为我租不起，所以考虑能和谁合租。之后的话，在京都致力于店家整修的建筑师们也想在东京开设事务所，所以正好一起去看看。刚才提到的SML也一起去过了。然而，我们本来打算三人合租，那样的话，每人大约出12万日元就够了，然而不知道为什么，房东对三人合租倍感不安。

限 共享的实际契约形态，就是某一个人不能成为责任人啊。

三浦 在三鹰我也去看过一个房龄70年，42坪左右，大约29万日元的相当正宗的近代和风式住宅，建造得相当结实，安然如故。连咯吱响都没有，是个能坚持一百年的房子呐。其他的，我也去看过战争结束后建成的房子，果然是物资匮乏的时期，工匠也不够用，房子都摇摇晃晃地倾斜着。与战前的富豪私宅真是天壤之别。

限　嗯嗯。在美国，情况也是相同的。最有价值的就是第二次世界大战之前的"战前时期"住宅。建造方式也完全不同。

三浦　我父亲也很喜欢自己修造房子，他出身于村长家庭，因此在20年前花费了普通人家两倍的费用来改建自己家的住宅。20年过去了，可以说是连咯吱响都没有，也可以说是能坚挺百年的建筑。

然而，三鹰的情况还是更倾向于共享。可能是因为责任人态度含糊，也可能是因为出入人数增多，租户因为种种原因容易拖欠房租。

然而，说过了合租和合作租赁的话题，想住在这样的集体住宅的人聚集在一起买下来建造成合作住宅，这样的话，有些人想住在这样的房子里却没有足够的钱而又想租房的人也聚集在一起，形成一种寻找出租房一起租的合作借贷住宅机制就好了。因为越来越多的人想住在古旧而有价值，或许能成为注册文化财产的房子里，或是把它们作为事务所使用。

迄今为止，特别是泡沫经济时期，那样的住宅被大肆毁坏了。损失巨大。比起崭新时尚的公寓，现在终于出现了以年轻人为中心，越来越多愿意住有古旧韵味的住宅的人。通过为这些人建立响应他们需求的机制，不就可以生成更为丰富的城市、建筑和住宅的存在方式吗？行政方面想从税制方面来支援这样的行动，但是财政部想收取遗产税，所以会反对吧？果然到最后还是钱的问题成了瓶颈，税制问题尤为突出。

隈　然而，投资家们不能集中起来吗？公司借贷。

三浦　投资家对于意外很敏锐，得到这样的人认同，交流或许就会顺畅许多。

隈　确实如此啊，即使是投资家，认识到这个价值的人也多了起来。很多投资家意识到，以分售公寓为前提的房产开发对环境有怎样的破坏。我的委托人中有很多都是这样。

三浦　原来如此啊。实际上，作为建筑家与这样的人打交道的机会很多，因此接下来会很有趣，着实不错。

隈　我觉得，那些对于历来的开发以及发展性的事物已经厌烦的人，有着明确的界限。与这样的人搭档或许很有趣。

三浦　是啊。说不定会增加的呐。

1 【抓痕瓷砖】(Scratch Tile)

表面像是被抓挠过一般刻有沟痕的瓷砖。
在日本，弗兰克·赖特设计的"帝国酒店"
(1923) 就使用了这种瓷砖，之后使用于大学、
银行建筑、官方建筑等。昭和初期十分流行。

3.3

东京的风土，
所谓土生土长？

三浦 我去莱奇沃思的时候，在车站前面的书店看到一
本书，是关于莱奇沃思的赫特福德郡铁器时代的
遗址。复原那个遗址的住宅设计，与莱奇沃思现
在建造的房屋没有变化。这与堀口舍己（所说）
相似。也就是说，无论数万年前，还是现在，适宜
英国人居住的住宅都是不变的。
在吉祥寺也是如此，三菱矿业水泥，感觉是完全
用水泥建造了公司住宅。那时，三菱地所为了改
建公寓而将土地挖开，却出现了绳纹时期和平安
时期的遗址。那里面对的是神田川较缓的坡崖，

因此，无论数万年前，还是一千年前，都是适宜居住的场所呐。那样的风土连续性，出人意料地万年不变。因此，建造木结构建筑的时候，有人说应该就地取材。

限先生最近着手建造了很多建筑，都是使用当地的石头等土生土长的素材，但如果是在东京那样没有当地素材的场所要建造什么的话，究竟会选择什么作为土生土长的素材呢？

说一个与此些许有关的事情，日本料理，归根结底说来，对素材完全不进行任何加工那才是最高级的。在寿司店也是，将材料切完端出来，客人就满足了，连白米饭也不捏。

建筑业与之相似，社会发展成熟之后，就不需要别出心裁的想法了，比如在现有的房屋里就那样住着就好了，特别是简易族，什么也没有设计的房屋才是最好的，建造得看起来好像一百年前就存在于那里的房屋才是最好的，或是寻找一百年前建造的房屋，也成了建筑师的工作，难道没有这样的事吗？

将现在的两种说法综合起来，在东京所谓土生土长的素材，我想那正是古旧的住宅呐。我在自己家翻修的公寓也使用了同润会公寓遗留下来的门，虽然场所可能变化了，但是那种东京的记忆，通过建筑物的残留物，被继承了下来，不是吗？

因此，即使是刚才所说的杉并和三鹰建造70年以上的房屋，大都被损毁，十分可惜，要是成为注册文化财产就好了，成不了的话，那也不要用推土机轰一声毁掉，要仔细地分解之后，将留下来的门、窗、柱子以及庭院的树卖给想要的人，我想这样记忆就能被继承下去了。

隈 有几位上海的年轻建筑师，购买和收集旧家具和材料放在仓库，然后全都加在他们自己设计的东西里面，有好几个人都使用了这种有趣的方式。虽然设计本身并不突出，但是却很有韵味，他们所做的这些事着实很有趣。我见过一个最近建好的大约10个房间的小旅馆，好像这样的旅馆在上海越来越多了。比起住在新近建好的、华丽的高级大酒店，住在小旅馆心情倍佳。一层的餐厅临街而开，那里的饭菜也很爽口（笑）。

三浦　我如果有1000亿日元的话，就回去建造那样的
　　　街道，不仅仅是住宅，连家具也要造呐。果然还
　　　是应该将好的东西保留下来。因此，现在旧民居
　　　拆卸人员是可以免费进行拆卸的，另一方面还要
　　　全都拿去卖掉，很赚钱。

限　　是啊。在中国社会，一些人认为那些东西都是破
　　　烂，都是垃圾，另一些人认为那些很有价值，两者
　　　之间有不可逾越的鸿沟。因此，以很便宜的价格
　　　就可以购入。在日本了解那些东西价值的人越来
　　　越多了，在中国就只是没用的垃圾而已，那拿到
　　　日本来吧？排山倒海的人都会觉得很庆幸吧。社
　　　会中那般巨大的鸿沟却成为社会的活力呐。

三浦　然而，西荻的那种旧工具店，也有中国人上
　　　门呢。

限　　啊？真的吗？

三浦　看上去是一家翻新家具店，可以采购旧木材，那
　　　个人是铁匠出身，自己用铁做了框和脚，制成桌
　　　椅，在店里卖掉。那个中国人在店里说话，我问

他从中国的哪儿来的，他说是台湾。我问他西荻洼在台湾很有名吗？他说很有名。我又问他为什么知道这家店呢？他说在台湾版的ELLE DECOR里面有。那里面介绍了这家店，所以就来了。我想：哎？之前好像也有俄罗斯的人来西荻住宿啊，如果还满不在乎的话，那好东西或许就要被中国人都买走了。

限　说到中国人，是对急速现代化进程的反动呢，还是喜欢古旧事物的年轻一代人相当多呢？连我都被中国人问起，能不能在镰仓找一些旧玩意儿，而且无论如何都想住在镰仓，想让我帮忙找旧房子。

三浦　继续满不在乎的话，连那样的东西都要失去了呐。

限　或许连整个城市最有韵味的地方也要失去了呐。

三浦　像浮世绘一样不知影踪。

限　甚至连历史也要被买走。

三浦　另外，有人说中介公司加强了整修公寓的信息提供，有一点期待啊。结果还是整合的问题。如果有公司能经营一种业务，让卖方和买方之间不需要不动产公司介绍就能直接联络那就好了。然而，无论是公寓还是独栋建筑，认为旧的要更好一些，或者自己随意买下来，住着住着就自如了，现在这样想的人越来越多了。然而，卖方和出租方仍然认为收拾美观之后卖价更高，也更好出租，因此又是半途而废地改装，又是改建，既失去了从前的韵味，也没有最新的设计，这种粗暴的建筑大量流通着。

我也在寻找能用于整修的二手公寓，颇费周折。虽说现在可以在网上搜寻，十分轻松，但是很多不动产公司在中介之前就已经购入。如果不动产公司有品位的话，好的整修公寓就应该增加，可现状却是那样的不动产公司很少见。因此只有翻修公寓、复古公寓这样的词汇十分流行，将改装的当作翻修的来出售，将破旧的公寓称作复古公寓来出售，令人十分苦恼。总之问题在于品位。品位与匹配。

隈　建筑师和写文章的人，有品位的可以将不动产作为副业呐。因此三浦先生可以做文化不动产之类的……

三浦　那就是"简·雅各布斯不动产"呐！菜店倒闭的话，就那样直接住进菜店里面。现在也有人想着住在那样的地方。

隈　那样的地方不仅可以让时髦的年轻人住，也可以作为福利设施直接转手给老人们使用，福利设施也与公寓一样，受到了整个业界的怠慢，为了赚点钱只建造箱形建筑。接下来能够翻修和转让那就好了。

3.4

私生活中不充实的生活方式

隈 柯布西耶后期比较大的建筑，不仅仅是朗香、拉图雷特修道院（1960）之类，以混凝土建造而成，看了小的照片，感觉和日本的公寓一样带有阳台，地板起伏不平，杂乱无章而精度低。我想，果真还是那种粗糙的面貌，并且进退有度，这才是建筑本来的姿态。我只能认为，那种摇摇晃晃的状态，是柯布西耶认为建造这个程度的精细度就可以了。墙壁的涂料呈滴垂状，就像是钟乳岩洞的状态，在日本的话，这一定通不过竣工审核，肯定会被勒令重新建造（笑）。随着年纪的增长，他的精度也渐渐降低，我认为他已经是思想犯了。建筑这么大的东西以单品来制造，本来就是如此，原本日本一派那种期待依靠大量生产来制造上万件小东西的精度，那种做法才奇怪呢。

三浦 我整修的旧公寓，过去是一栋一栋设计的，并不是量产的，不是吗？这正是复古公寓的有趣之处啊。果然还是有些个性的啊。规格化是在公寓出现以后，为了建造人口稠密一代的住宅而产生的。

限 是啊。这样，偏好无意义竞争的日本建设公司开始了ISO等标准认证之类的事情。

三浦 如今在公寓设计等方面好像已经完全不能玩游戏了。这次设计租赁住宅，有什么好主意吗？与委托方交涉之后有很多变化？

限 现在差不多都是居住者走在前头呐。人嘛，最后都是讲求怎么才是适宜居住的感觉，不是吗？即使准备好的箱子再好，布置空屋的能力并非现在的人所具备呐。日本人的布置能力尤为惊人。我会想起我祖母。她就具备很强的布置能力。日本的公寓连内装都完全做好了，不是吗？这在全世界也是很特殊的事，无论在亚洲还是美国，基本都是交空房，之后居住者再进行布置，对于像日本人这样擅长布置的民族，却全部都做好了才交房，是极其不健康的，相当多此一举。

三浦　比如一下子把房间分隔开的租赁住宅，那也很受欢迎呐。

隈　嗯。那就足够了啊。

三浦　有些住宅区旁边就有日用工具店，让聪明的日用工具店老板来进行住宅区规划，或许不错。他可以开发像乡村住宅那样的住宅区。

隈　因为日本日用工具店的水准很高，几乎无微不至得厉害，因此使用那些软件自己进行装修设计，并且施工，应该也是轻而易举的。

三浦　因此，建造租赁住宅的时候也是如此，抛出作为素材的东西，接下来就自由行事，也不知道住进去之后会怎样，自然而然会准备形成社区共同体那样的机制，就像公共住宅，隈先生感兴趣吗？

隈　结果，成为一个个单位的住户能够自由畅快地生活，自然而然会成为诱导社区共同体的机制。与生物系统一样，并非神灵设计了器官，而是细胞与场所通过交换，自动形成了器官，与此相同的事情在住宅集合体中也能做到吧。

三浦　绝佳的回答啊。

隈　并非分售住宅那样像金太郎软糖一样的东西，而是一户一户都建造得氛围舒畅，还有就是不建造没用的共用空间。像公团一时所进行的那样，将共用空间强行作为集会空间，那种做法实在只是建造了一个冷清清的无用场所。如果让我来做的话，我会凭借自己的身体感觉，建造并不拘束的一户一户。还会置备不花大钱的户外或者半户外的共用空间。正是户外和半户外，才能成为最欢乐的共用空间。

三浦　一般而言，建造了顶层的全景接待室那样的高级公共设施之后，会渐渐对内封闭呐。因此我想到，东京的门锁式社区是高层塔式公寓呐。我有熟人住在那里，虽然是公团，但却是自动锁，谁也不必出示身份牌，也有艺人之类的住在里面吧，直接从工作场所开到车库，不用出来。那旁边是住满了名人的大企业的公寓，一层门口的花一夜之间就都变了呐，全部替换成盛开状的花。因此也没有花蕾，也没有枯萎的。

隈　美国主题公园式的人工性也入侵日本了啊。

三浦　我认为这是开发商盗用了迪士尼乐园的诀窍。更换花朵虽然会产生季节感这种含义，却没有了枯枝长出新芽那样的场景了。我大学时期的老师的老师也住在那里，相当有名的人就死在了租住的高层公寓里面呐。

隈　就那样死了吗？

三浦　死了呢。尤其是上了年纪之后，改变环境是没有好处的。即使那样有名的人住在里面，也没有像同润会江户川公寓那样，有大家可以一起使用的文化教室，即使共享空间，也没有做到共享时间。我住的这个公寓也连续发生了孤独死事件。

隈　高度成长期的公寓，人们印象中是生养孩子的地方。高龄化社会的公寓是与死一体化的东西，柯布西耶虽然说过"建筑是为了居住的机器",实质上却是"向死而生的机器",所以必须以此为前提进行设计和运营。必须要考虑医院和火葬场等连续性的设施。

三浦　这样的话,稍微听个音响,声音传了出去,就会被人说吵死了(笑)。我想,因为那样安静地生活着,所以即使死了也没人知道吧。打开门的话,一想今天还没见到三浦先生呢,所以就过去一探究竟。有了这样的习惯,就不会频繁出现孤独死了。因为在山手这样的公寓里居住的人与附近的人不怎么来往。相反,如果购买旧公寓整修后来住,或者住集体住宅,这样的人是不同的类型,感觉他们并不向往那种局限于私有化或者私生活的生活方式。那就是简易族吧。

3.5

50年前认为现代化的东西好，
现在却全然不同

隈　　住在租赁住房中的简易族增加了，是吗?

三浦　因为简易族中有很多人还未婚，所以很多人选择
　　　租赁。他们会选择有助于一定交流的住宅。正如
　　　隈先生之前所期许的那样，那样的人本身心情很
　　　好，加之那里也并不封闭，所以会走出家门，大
　　　家会互相寒暄，若是放置一些长椅就更好了，或
　　　者是种一棵大树，而后那里就自然而然成为聚会
　　　的场所。若是有租赁住宅给出这样好的提案，像
　　　这样能够提供若无其事的交流契机，那样的话难
　　　道不是很好吗?

实际上，30余岁的男性孤独死很常见。女性呢？
如果不聊天那是活不下去的，她们会出去见朋
友，但是男性则会渐渐闭门不出，甚至到了人生
无法进行下去的程度。之后甚至会厌世致死。
五六年前在仙台，有一个事件就是住在一栋房子
中的20多岁的兄弟俩去世了。两人既没有钱也
没有希望，所以就想去当盗贼，但是却连这样的
力气都没有了。

因此，不知为何，设计能与自然相处而生的建
筑和街道在今后是极为重要的课题。简易族中
有七成左右是女性。女性并不是一心扑在工作
上面，比起男性，她们更重视健康、身体以及私
生活，能聊得来的朋友和熟人都渐渐增加。因
此，连重病都不会得的女性，孤独死更是没有的
事儿。

限　是啊。如果以"避免孤独死的租赁住宅""能够在
融洽氛围中去世的租赁住宅"等打广告出售会怎
样呢？我想，避免孤独死，对于人生来说是极其
重要的事。

272

三浦　以前建造的公团住宅也是，出现了很多例孤独死。

隈　是吗？

三浦　之前说过的公团的旧团地，我觉得在建造之初也是十分美观的，恐怕是大约五叠的房间加一个厨房这样的户型，大约有300个家庭挨家挨户挤在一起。虽然有六层楼之高，但是却没有安装电梯。因为是面对年轻单身人士的，所以上六层都是爬楼梯。从窗户看出去也是住家户，通过窗户能够看到屋子里满满地堆着东西。

隈　这样有老人居住吗？

三浦　目前还在世的老人吗？因为很便宜，所以一直住在那里。

隈　老人们一直住在混凝土住宅里，相当难以忍受吧。我的叔叔在战前担任朝鲜银行的副行长，过着令人称美的光鲜生活，战后失去了一切的工作动力，到茅崎市的熟人农舍那边建造了一座四叠半的小屋，在那里过着独居生活。那里就在海边，海风吹拂着旱田中他的小屋，旱田还种植培育着奇怪的药草呢（笑）。他种植了很多有各种功能的东西，但只吃野菜过活，而且还给自己种植的大豆涂上颜色做成女儿节人偶。我小时候，特别喜欢去那个叔叔那里玩儿。夏天时也会过去游泳。但是家人却对我说，不要再去那么脏的地方了（笑）。

如果从现代主义的视角观察战后家族，那位叔叔会让人觉得不可思议。我很喜欢那种枯萎感。我感觉破旧的木造住宅为孤独的独居者给予了宽容与和善。

三浦　一起变旧的感觉啊。

隈　正是这种感觉跟人一起上了年纪的建筑，才是建筑的理想形式，但是如今无论是开发商还是行政部门，都只关注比较新的建筑、未风化的建筑等，街道当真令人不快。

三浦　隈先生在《自然的建筑》（岩波新书）中写道：混凝土是20世纪的象征。

隈　确实，我最初去拜访居住在星形平面塔式公团住宅[1]中的朋友时，感觉与自己居住的破旧木造住

宅相当不同，感觉很厉害。房间布局也是，我感觉那是20世纪。（笑）

三浦　因为已经过去50年了，有很多积淀。我是1958年出生的。黑船到来已经156年了，我51岁，隈先生55岁，也就是说，我们生活了黑船到来三分之一的年岁，我们也老旧了啊。

隈　是这样计算的啊。再过一些年岁，很可能会有人说自己是与黑船同世代的人。

三浦　大阪世博会的时候，我经历了明治百年之中最后的十分之一。那时相当年轻。但是我现在已经活过了黑船到来年份的三分之一，从明治元年开始十四分之五过去了，感觉是一个离明治年代特别近的老古董了。现在的学生们看起来，团地大约是自己父母的年龄，50岁。我的父母大约80岁了，基本是同润会的年龄了。也就是说现在的20岁看起来，团地对我们来说看上去就像是同润会那么古老。同润会是自黑船到来大约一半的时间，这么想的话，与遥远的明治非常靠近了。50年果然还是很长啊。时代的改变是必然的。价值观也反转了。50年前认为现代化的事物是好的，如今完全不同了。因此，政权更替是必然的。正是55年体制的终结啊。

1 【星形平面塔式公团住宅】

日本公团住宅是标准设计的集合住宅。从上面俯视的话，就像朝三个方向放射的星星一样的形状，因此称为星形塔式住宅。昭和三十一年至三十九年（1956—1964年），建设了公团赤羽台团地、荻洼团地等。

3.6

向死而生的街道、弱势人群
可以幸福生活的街道

三浦　然而，即使政权更替，有人说将高速公路作废，

　　　对于住宅，城市政权谁也无可指摘。

隈　　公营福利住宅应该如何是好，对于社会来说是

　　　一个大问题，但是议论并没有产生。公营福利住

　　　宅的使命已经真正终结了吗？公家性质的东西，

　　　现在对于住宅来说，应该如何是好，完全没有被

　　　讨论。

三浦　还有民间的力量呐。

隈　　如今民间的租赁和分售住宅，我认为并不能覆盖

　　　所有的阶层。

三浦　确实啊。

隈　结果，我注意到，所谓民间的技术信息，当真就能覆盖所有阶层的标准？还是有些区别的。

三浦　确实如此。公营福利住宅是用公共资金进行新建设，果真没有必要，现有的公营福利住宅的循环使用，现有的民间住宅也由公共机关来借用再进行转租就好了，不是吗？在旗杆地建造的公寓之类的因为不能改造，所以只能低价出租，有很多人都想住在便宜的地方，或是当作工作场所来使用。最近出了一本书叫作《尽管如此，也想继续住在"木密"》。因此，新建的建筑，除了真正好的之外，大多数都是没必要的，不是吗？

隈　是这样的啊。

三浦　目前已经是4999万的世代对应着5759万户的住宅，将近800万户空了下来。而且，现在的死亡人数每年有119万，到2020年约有149万人，到2030年将增加至约165万人。空着的房子会越来越多。空出来的话，我也会把自家房子租出去，租一间房子住，事务所也租用旧公寓，此外

280

再买一套旧公寓来当"社长室",一共四套。租出去的房子让漫画家作为SOHO来使用。也就是说,将居住用的房屋作为事务所或者SOHO使用,以满足多样化的需求。在杉并附近有一户昭和初期的房子,古朴自然,庭院也很宽敞,我想要是能租下来就好了。如果这样的循环能顺利进行下去就好了呐。

限　　像三浦先生这样生活充裕、信息灵通的人,如果能灵活运用二手住宅的储备,就能过上快乐而丰富的生活,然而以那种形式享受二手住宅储备的人,确实十分有限呐。在那一部分中,应该有很多公家性质的事情可以去做。取代新建公营住宅的,应该采取一种方式,能够实现将住宅政策与福利政策一体化的形态。只要将流通的规定建立起来,就能将福利政策与住宅政策合二为一。我想有很多人都想住在现有的旧房子里。

三浦　　想住的人很多。愿意房屋共享的年轻人也增加了,比如15万日元的房子住4个人的话,每人出不到4万日元就可以住了。

隈 共享房屋的话, 性别如何分配呢? 还是都是男性或者都是女性会便利一些吧?

三浦 房屋共享的人中同性别的合租伙伴更多一些呐。也出现了积极进行房屋共享的不动产公司。网上也出现了很多寻找合租伙伴的网站。面对没钱的年轻人, 也增加了许多可以共用厨房、客厅和洗衣机, 并且价格低廉的租赁住宅 (旅舍)。在我那里打零工的一位男性, 在立川与三四个人合住在一起。之前遇到的女性也是在八王子呐。八王子的话, 3DK的房屋要6万日元左右呢, 因为3人合租, 所以每人2万日元。在杉并, 房龄45年的三张榻榻米的一间房仅仅加洗手间, 连这样的房都租不下来的租金, 在八王子却可以合租3DK的房子。

隈 若是能像东京一样安全, 那确实像梦一样。比北京还便宜呐。

3.7

隈研吾的租赁住宅计划

三浦　之前聊到过您在大仓山的旧屋那样的住宅，最近
　　　隈先生也在使用当地素材进行建造，综合起来的
　　　话，您不想设计整个街道吗？

隈　　真想设计整个街道的话，就要跟各种各样的人打
　　　交道，必须挨个说服他们。能够真正一起愉快地
　　　进行设计工作，这样的搭档极为罕有啊（笑）。

三浦　您是说要完成社区共同体的建造十分费事，很要
　　　命对吗？山本理显先生一直在探索能够诱发社
　　　区共同体的建筑，无奈只有住宅而已，我认为那
　　　是行不通的。还是无法设计整个街道，其中并不

包含商业呀、文化呀、工作呀等方面的内容。山本先生如果能着手于商业街改造之类的，那就好了。

限　所谓的社区共同体，应该能够温暖和拥抱柔弱的人，以及落后的人吧。福利原本就与那所包含的社区共同体相关联，我想以这个形式来重新定义共同体。

三浦　那样的话，限先生愿意建造租赁住宅吗？

限　我想做这个。那时，我想在其中一起设计商业和文化（的内容）呐。将工作与商业分割开来的纵切式做法，已经没有任何意义了。

三浦　是吗？但是限先生还没有从事过吧。喔，有东云的公团，那个如今怎么样了？

限　因为甲方是UR城市机构，所以或许与民间的租赁看起来大不相同呐。现在回想起来，那是个幸运的备受眷顾的项目啊。作为城市机构，一直以来都是以郊外家庭式的新城镇建设为主的"住宅公团"，他们想改变这种印象，所以选择起用我、伊东丰雄以及山本理显等没与他们打过交道的建筑师，也相当听从我们的提案。当然，也存在很多争议。将迄今为止"郊外型、家庭型分让"的中心线路，180度转变为"市中心型、功能并存型、租赁"的形式，即使仅仅如此，也是非常大的转变。商业也逐渐混杂在一起，面对公用走廊的墙壁开口逐渐扩大，铁门也被玻璃门取代，使公用走廊和住宅形成新的搭配关系，大部分都得以实现。我内心十分担心能否顺利发展，上层方面也惴惴不安，结果申请如潮，最高比例超过了200倍呢。因为那样的东西正是社会所需。

因为进展十分顺利，我们认为陆续会有让我建造相似类型的委托上门，但是不知为什么却没有。这样的话就要更彻底一些，要尽力降低成本，建造三低化的租赁，我们摩拳擦掌，但还是没有人来，日本的开发商真是不可思议呐（笑）。

三浦　想要建造租赁住宅的建筑师很稀有啊。

隈　　建造分售住宅，被开发商愚弄一次之后，就再也不想做那类案子了。

三浦　怎么回事呢？

隈　　就好像是制造商品时的那种指挥化作业，被指挥
　　　房屋布局要这样做，壁纸要那样做，芯头与地板
　　　之间要留出一点间隙，间隙不能超过一张名片
　　　的厚度等。还要制作说明书来作为客户诉求的
　　　对策。这样来往一遭，也会受到精神上的伤害，
　　　便再也不想建造分售住宅了。在这个客户诉求
　　　至上的社会，出售商品结果就是如此，令我十分
　　　厌恶。

三浦　是束手无策了吗？

隈　　嗯。有人委托我做分售住宅的监工方，并允诺会
　　　加上建筑师的名头进行成套销售，结果只是被动
　　　地陷入了配套建造的工作，真是名不副实的作业
　　　啊。令人身心疲惫。

三浦　果真是没有自由啊。

隈　　我认为，在不特定的多数的包含了客户诉求的市
　　　场中加入建筑这种一体化的生产系统，原本就很
　　　牵强。建筑的话是用混凝土、钢铁等粗糙的素材
　　　建造出来的，因此无法制作出像索尼电视机和丰
　　　田汽车那样的精密度，不是吗？这超越了品质管

理的界限。或许会有裂痕，或许会稍微倾斜，建筑就是如此。建筑物本身的宿命就是损毁，还不得不受到美丽的风化作用，对于建造了建筑物这种柔弱存在的人来说，将建筑作为商品来分售，我认为这个机制本身就是非人性化的。

三浦　租赁的话，如果租户令人厌恶，可以让他搬走。

隈　　那个场合就好像物物交换的世界，因此无可奈何。就好像先这样好了，也不知道明天将会如何。OK……那就租下来吧……

三浦　户主也是一副游戏的心情。

隈　　我觉得租赁的感觉与分售的感觉相去甚远。时间感也不同，人生观也不同。

三浦　具体而言，您想在怎样的街道建造怎样的租赁住宅呢？

隈　　我最想做的是，在既存的街道上建造与之相契合的复合式租赁住宅呐。比如在卷帘门商业街里面的空地上建造新的东西，而使之一体化。若是在那里还能加入福利性质的东西，就太好了。东云的项目虽然进展顺利，结果那街区还是属于年轻、充满朝气的人和眼光好的人呐。以前我和上野千鹤子聊天时，她对我说："隈君，建筑的新计划呀，脱nLDK呀这些虽说很不错，然而年轻有活力的家伙们，不论什么计划，他们都不会去住，因此我不希望你说实验那样的事物之类的，是对社会的新提案。"我认为上野女士说得很对。如今我愈发这么想。正是为了让上了年纪的人或是身体状况不好的人，能够身心舒畅地居住，我们才开动头脑，我们应该聚集人才，推动社会发展。卷帘门商业街倒闭了的餐厅，可以保留内部装修，或许可以改造成日间中心（Day Center），完工的建筑和庭院可以交给老年人来管理。住宅是住宅，福利是福利，现在的时代已经不能将这两者分开考虑了，接下来是刚柔并济，必须一起考虑住宅和福利。相对于20世纪初柯布西耶的宣言"住宅是为了居住的机器"，我们应当将今后的住宅定义为福利的别称，不仅是为了居住与生存，柔弱和死亡也应该包括在定义之中。我尝试从柔弱或者死亡等方面与居住的关系出发，重新思考城市或者社区共同体。我认为，要重新架构为垂危之人而建造的街道，以及为弱势群体能够幸福生活而建造的街道，建筑师应当具备这样的创造力。

记忆丧失型街区损毁

三浦 刚才所说的建造70年的住宅,听说日间护理中心想租下来。我认为,老人们住在那样的旧房子里确实会心情好,这作为旧住宅的再利用方式而备受瞩目。此外,也有人想住在寂寥的卷帘门商店街上那种看上去难以为继的蔬菜店吧,我与蜜橘组的曾我部先生合著的《商业街再生规划》(洋泉社)一书中就表达了这样的想法。书中提到,难以为继的商业街和难以为继的大学,或许它们可以负负得正吧,比如农学专业的学生住在蔬菜店的楼上,柔道专业的学生在榻榻米的房间里练习,虽说都是微不足道的想法,但是这些想法逐渐令卷帘门商业街有了生机,学生们也有了活力。商业街的空地也不要强行建造大厦,就那样空着建造成孩童玩耍的游乐场等,我们对这些进行了各种考虑。

高龄老人也是从孩提时代开始,就总是在同一条街道的同一家店买东西了,对于那些人来说,卷帘门商业街的没落就如同自己的死一样倍受打击。几十年来习以为常的风景突然变化了,关于那风景的记忆却没有变化,但是自己记忆的整体面貌却消失了,深究而言,我想那就是自己这个存在的整体面貌开始出现了残缺。我的母亲也是,车站前面的旧建筑被改建成新公寓之后,她说这是怎么了。

因此最近,据说针对认知障碍人士的回忆疗法十分有效。让他们去看过去的街道,让他们去做儿时的游戏,让他们去干年轻时的工作,就可以延缓认知障碍的进一步恶化。让他们看到石臼等以前自己打下手用的工具,他们十分高兴。他们随意地推动石臼，向护工们讲解这个如何使用。现在有些医院也设立在那些旧街道。还有，让历史资料馆、医院等与养老院合作，定期把人带过去，这样的活动已经在全国范围展开了。可以说，那种存留着过去记忆的街道非常重要。或者反过来说，没有记忆留存的街道，罹患认知障碍的老人会增加吧。

因此，街道老旧了，改建成酒店和公寓，虽然改建是为了活化市中心街区，但是人的记忆也消失了。也就是创造了记忆消失型街区。那不是建造街区，而是"街区损毁"，是"人的损毁"吧。我认为，自己是谁这样的身份认知，与这是什么场所这样的意识紧密联系着。例如，昨天我经历了一个事情，我竟然不知道洗衣店的大婶在咖啡店里呢（笑）。

限　完全不知道（笑）。

三浦　因为场所和大婶的脸是配套的。

限　我工作也是如此，将所有的信息与场所的地址紧密关联在一起，这样方才留存于我的记忆之中。

例如，在高知县的某座山中的小城镇，某个建筑物的一层走廊右侧墙壁使用了某种灰泥，就是以这种形式存留在记忆中的，如果只记灰泥，将它与地点切断，就不能留在记忆中了。

三浦　自己总是在这个菜店买菜，在点心铺买小馒头，在那里跟大婶寒暄，就像这样，场所、人、物三者配套才记忆深刻。我认为，其中的某个要素比如人或者场所发生变化，特别是场所变化的话，整个记忆就会轰隆隆地坍塌了，不是吗？

隈　比起服装，比起其他任何东西，最重要的还是场所呐。场所不同的话，人、物、形态就会全部都变得不熟悉了。我在咖啡馆也没意识到收银员大婶是我客户的夫人，还冲她发火了（笑）。

三浦　因此我认为场所性十分重要。所谓"场所的记忆"，简单说来这就是个很深刻的主题啊，不是吗？

隈　我最近总是在想，所谓建筑设计，结果不全都是"场所的整修"吗？一般来看，建筑分为新建造的和翻新整修的，比起新建造的，最近整修的建筑更为引人注目。虽然事情变成了这样，无论哪一个，它所包含的意思结果都是场所的整修。我意识到，这样的想法，与我的目标设计行为，在本质上是接近的。我认为地皮本身就是20世纪的发明，土地成了谁都可以私有的东西，接着买卖这私有化的东西就成为可能，致使新修建的建筑和整修之间的区别成为问题。这么想来，什么也不建造，就将土地那样搁置着，这样的行为无疑也是整修，即使就那么搁置着，也不可能一成不变。原本这就不合情理，因为杂草会生长出来，尘土会堆积，人们一定会动手进行整修之类的，不论新建造的，还是搁置着的，都是对场所这种难以割舍的、出人意料的巨大事物的爱意表达。只不过爱意表达的方式有些程度方面的差别。

那时，到底怎么做对场所的爱意表现才能最有效呢？我最近意识到，比起言语，比起其他任何东西，使用物质去爱，以作为物质对物质的行为的既物性地、直接地去爱一个场所，才是最有效的，我想这样的话，接下来，建筑材料会立刻变得很有趣呐。20世纪的建筑建立在以使用混凝土这种基本素材为基础的大前提之上，建筑师随意地将场所性和土地的力度抛开进行建造，虽说看上去很美观，但是以混凝土完成的建筑与场所之间什么都没有，这无济于事啊。所谓场所，是最具有泥土味道的，是有味道也有质感的到处是泥的所在，无论怎样都必须涉足在那个场所才能够取得的，只有在那里才有的素材，就会明白这样做才能够超越混凝土，明白了这一点，才能成为超越20世纪的气氛。

三浦　原来如此。刚才所说的京都整修店面的人，他整修之后还开了很不错的餐饮店呢，就像刚才隈先生所说的那样建造老人设施呢。见到这个，我想住在那里的老人真是幸福啊。果然京都还是京都，虽然自己不是在那里长大的，但是却可以在那个不知为何满眼都是亲切场所的地方度过余生。我认为，如果被送到郊外的混凝土老人院，只能越来越痴呆吧。实际上，根据岛根大学中尾哲也副教授的研究，住在混凝土住宅里的人比住在木结构住宅里的人寿命要少九岁左右。静冈大学的实验也表明，放在混凝土箱子中的小老鼠比养在木箱子里的小老鼠存活率低，而且生殖器的发育状况也差。也有研究表明，比起木结构校舍，在混凝土校舍中的中学生有更多人会感到压力和疲劳。

隈　　我认为，迄今为止，所居住的房子和建筑物，如果能附加外部化的服务那就好了。那种服务与既存的建筑物之间配套存在，再加以老人院等附加价值，就能高价出售了。仅仅因为移动到新的建筑物而致使生活被切断就会变得一团糟，所以在旧事物上附加像外卖那样的服务就会好很多。接下来，如果所有的服务都可以外卖化，那么人们就可以保证自己生活的连续性了。我相信，外卖能拯救地球（笑）。

3.9

郊外化对年轻人的影响

三浦　隈先生的学生是不是也是在郊外生活成长的?

隈　　形形色色,各种情况都有。

三浦　就像刚才所说的,我听说有积极主动的学生乘车
　　　去便利店,我不得不考虑,大学的郊外化对年轻
　　　人影响颇大。

隈　　就好像"郊外大学生的生与死"啊。

三浦　是的。大多数都是为了防止学生运动才将大学
　　　挪至郊区,因此是为了防止贴传单,防止学生们
　　　过于积极才迁校的。这样的话,学生们就变得不
　　　够积极了。

限 我感觉这很明显地起到了削弱作用。大学和城市原本是一体的。即使在欧洲的城市，像博洛尼亚那样，城市本身就担负着教育职能，因此虽然在郊区建立了大学，但是想要与城市划清界限的大学是不可能做到的。

三浦 东京首都大学城市规划的老师说过，到了南大泽学生们就被困在那里，周围也不能去考察参观，很明显绘画也退步了。

限 啊？这么有趣啊。绘画退步了？

三浦 是的。哎呀，最近我听老师说连上网也不允许了。也就只剩手机了。这样一来，建筑系的学生便十分苦恼。

限 郊区的信息原本就很不灵通。大体来说，较大的设计事务所难道建造的不都是像羊羹一样的没有太大区别的校园吗？如果不建造在偏僻荒凉的地方，街道那样的浓密空间不知何时就会出现学生运动，会闹麻烦的。对于大学当局来说。与19世纪拿破仑三世和塞纳省省长奥斯曼共同进行了巴黎大改造想法相同。建造一望到底的大道，建造示威游行和反政府分子无法逃匿的城市，从这开始就是最初的城市规划啊。然而巴黎本身就具有那种密度，因此成为一个很好的城市。因为周围都是扩展开来的商品房，在那样的地方确实画不出像样的画来。郊区的校园仅仅是稀薄而已。

三浦　平淡无奇啊。无法目不转睛地看着绘画。

隈　　虽然十分宽广，但是却不能往里走。然而，当地直到现在都没有招揽工厂，而是热心于招揽学校，大学都想从中国招生，还是想到郊区去。

三浦　在这之前，我听一位地方四流大学的老师说，高中毕业后找不到工作的儿子去大学里面了。然而，平假名的"も"字书写了三道横的笔画，还有10000除以10不会计算呢。那样也还说得过去，其他的地方大学，原本建造大学的就是当地的建筑承包商，想建造大学的建筑所以就造了。还建造了通往大学的道路，实质内容就推后了。或许这是因为有人将要调任于此，我很吃惊，所谓"箱物行政"也不过如此。大学也是这样先由建筑承包商修建道路，建造"箱子"，实质内容之后再看情况修建。因此造成了极大的浪费，我觉得至少是数兆日元吧。这令我相当震惊。

限　　感觉像是建造了在工业之后以文化作为伪装的工业团地，郊外的大学请我去做演讲，去的时候我情绪很低落。

三浦　果真是箱物大学啊。

限　　即使这样，研究者求职时看到招募宣传，也是会去的。

三浦　是会去的呐。倒不如像我和曾我部先生合出的书中那样的提案，让大学生直接搬进卷帘门商业街空着的店铺中，就不需要空壳建筑了。其实只需要迁移大学的功能就可以了。

限　　大学就好像送外卖的啊。

三浦　比如在蔬菜店楼上进行农学专业的授课，蔬菜店独居的老奶奶和学生们一起生活。学生们一边熟悉蔬菜和老人，一边进行农业学习。大学是不需要建筑物的呐。在街道中就可以了。空房子多得很呢。

限　在东京已经建造了很多大学了。伦敦的建筑联盟学院（AA School）是世界上数得上的建筑大学，从外边看起来已经完全融合在街道中，看不出来是大学。它对面是贝德福德广场，黑色砖瓦的城镇房屋排列在一起，这其中的一些单元被用作大学建筑来使用，好像秘密结社呐。实际上，这所大学初创时就立足于与皇家建筑师协会相对立的教育系统，因此这种隐身式的存在方式与之相符。大学若是渐渐看不见那就好了，日本的大学也应该寄生在街道中为好。

三浦　是啊。东上野周边全都像这样隐藏起来吧。

限　街道本身成为校园，上课也在设计制图室那样的地方进行，才最为生机勃勃啊。不是在讲堂那样庄重的地方，而是在有制图板沙沙响声的脏地方，到这样的地方来，面对与鲜活社会接触的建筑师，跟他们谈话，这是最具临场感的事情，令人振奋。教育原本就是应该在街边现场进行的。

三浦　事实上，去佛罗伦萨的话，那里有木材店的仓库被改装成大学图书馆，也有将剧场作为大学的讲堂的案例。此外，还有电影院被改造成堂吉诃德那样的低价超市，放映室却照原样保留着。

限　因为人是一种空间记忆固定化的生物，因此往往想不到与电影院同样尺寸的空间，还可以用作别的功能。然而画出图纸就会发现，这个尺寸足够了。人的空间记忆，出奇的保守呐。

三浦　因此，将电影院重建而磨灭了记忆，不如让它承载别的用途，或许这样更好，我认为接下来建筑师的工作会渐渐演变为场所的建造。

限　利用意想不到的机智使那里发生转变，到底还是一种艺术性的感觉呐。比如没想到居然能用这样的东西。不是还有把洗澡堂改造成博物馆的吗？博物馆这样的地方，建造新的建筑很难，利用微妙的东西进行转化反而相当好。

三浦　在这层意义上，古旧而有趣的建筑物还有很多残留下来，到了要拆毁的程度时，还是以别的形式继续使用为好。最近西荻也要建造青山那样的大厦，我喜欢的公共澡堂也被拆除了，取而代之的是公寓或大厦，如果保留澡堂的原貌就没有可

吉祥寺的澡堂与即饮屋

在旧澡堂举办现场演出，在旁边设立即饮屋，变更和追加用途，在吉祥寺有很多像这样进行持续再利用的建筑。

（东京·武藏野市/摄影：三浦展）

利用之处了吗？

限　澡堂建筑，很有趣啊。古罗马时代的戴克里先大帝建造的浴场十分有名，日本的澡堂也与之不相上下，十分有趣。

三浦　吉祥寺的澡堂现在改为名叫"风吕摇滚"（澡堂摇滚）的摇滚会所，走上前去，澡堂的入口处还设置有即饮屋。因为吉祥寺那边年轻人很多，因此容易经营，西荻的客流量少，所以这样的配置就行不通了。

隈 神保町的背面那一带也被炒了地皮，建造成高楼大厦而哭泣着。至少为大家留一些破旧的房屋，区别也会由此而生。

三浦 是古书店街背后那一片吧。

隈 那一带的街道是东京最有价值的地区呐。就那样连根拔除，建造高楼大厦，也就破坏了街道。

三浦 如今小巷子渐渐消失，经过区域划分之后都成了大厦，以前小巷子里面的居酒屋实际上也几乎不复存在了呐。与大约30年前的银座相比，小巷子必定大幅减少了。

隈 依据建筑基准法，有一个问题就是，如果有了狭窄的小巷子，根据那个狭窄的小巷子反而对建筑的高度全部有了限制呐。这样的话，没有小巷子反而能建造高层建筑。建筑基准法的根本精神是道路主义呐。道路幅度与那里所建造的建筑物的容积率是具有联动性的，狭窄的道路是从道路的两端在天空中扯出一条被称为道路斜线的斜着的线来，建筑物的建造高度不能超过这条斜线。这就是为什么要逐渐拆除狭窄道路，因为在宽敞的地皮上建造更为合适，这也是建筑基准法的基本逻辑，这种反窄巷的近代主义是以基准法的形式残存下来的呐。如果与宽敞的道路相连接，那么就只被那边的道路宽度所限制。我希望民主党的政权不仅仅倡导反对箱形物，还能针对城市本身应该何去何从这样的根本性问题采取措施。

三浦 迟迟没有探讨城市政策呐。

隈 还是非常原始的感情化的议论，说一些诸如水库或者公共建筑是浪费之类的话，实际上这之中深层次潜藏的是20世纪主义性质的根本内容。我也想涉足这个讨论啊。只要对法律稍作改动，街道就会发生巨变。

建筑基准法，上古时期开始我们就依据这个法律建造建筑，这实际上是一种错觉，它是20世纪的产物，确切而言是战后高度成长期那个特定时代的产物。例如，容积率之类的是从20世纪60年代才开始使用的。在那之前，世界上根本没有容积率这样的思考方式。这是为了保证建筑这种商品的价值而产生的20世纪的准则。如果容积自由的话，一下子在地皮上建造多个建筑，土地的价格就失去了控制。因此决定了容积率这项内容，使之与道路产生联动性，以一块地皮一栋建筑物这样的准则作为商品确定下来。然而，即使不依赖那样粗鲁的准则，从以前开始，就是一边组建城市的结构，一边又被工匠们操作。依赖容积率，在地皮上进行充分利用，尽可能地建造高楼，再以高价抛出，可以说这引发了建筑的三高主义。无论是容积率、地皮主义，还是新筑造主义，如果都撤销的话，就会出现完全不同的城市，也应该会出现完全不同的建筑师。或许他们已经不被称为建筑师了。可能会被叫作修缮家，或是场所的御用咨询者之类的吧（笑）。

3.10

被舍弃的建筑

三浦 昨天我看了隈先生的展览，我感觉比起建造、修
筑的建筑，更接近于衣服。全部折叠在一起之类
的，我这么说可能不是很合适，就好像提灯一样，
原本叠摞在一起突然伸展开来。竹子的话，即使
是小竹笋，竹节也都长全了，然后它们持续伸展
成长。就像竹子似的。

隈 确实如此啊。竹子的话，从最初开始就有好几个
（六四个）生长点。那就是节。

三浦 "六四个"起到了决定性作用吗？

隈 是决定了。每天也不能长一米吧？正是因为有了

浮庵　　2007

在悬浮于空中的气球上覆盖极薄的布，依靠气球的浮力与布的重力产生出均衡效果，成为无柱无墙的茶室。

设计：隈研吾建筑城市设计事务所

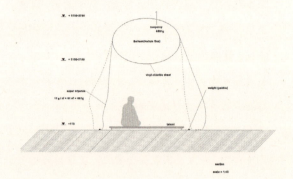

310

"六四个"生长点，所以那样的成长速度才成为可能，如果仅仅是一个生长点，那是不能伸长一米的。

三浦　均等地伸长吗？

隈　　正是像提灯那样的。

三浦　比起建造修筑的建筑，它给人的印象更像是三宅一生的一块布料，就像一块布被织出来变成了一座建筑。所以让人感受到了季节感。

隈　　确实如此啊。那像衣服一样的东西。19世纪的德国建筑家戈特弗里德·森佩尔[1]说，所谓建筑就是最终织物与火、土三方面共同作用而成。在那样的时代能说出这样的话，确实是很厉害的人。所谓土就是最下端，也就是必不可少的基础，在上面所建造的就是最终织物，为什么要称之为织呢，因为木造建筑也是织构出来的，砖头也是在织构。在之后火的工作中，通过空调、电等完成全部工作。我认为这样的话就把建筑的工作单纯化了，建筑业能回归这种单纯的形式着实不错呐。然而，野口勇的提灯，在日本那样简洁的东

西为何不可行呢，那是丧葬用的提灯。没有任何
文字的纯白的提灯是不吉利的东西。

三浦　哦，原来如此啊。

隈　　因此，日本的设计师没人会做这个，因为野口勇
是在美国长大的，欠缺日本化的感性，他没有见
过葬礼。日本的年轻人也不会联想到传统的葬
礼，因此能够爽快地接受。有时候，缺陷也成为
武器。

三浦　哈，完全联想不到。这真有趣啊。

隈　　我与传统事物的联系，在这层意思上，或许就是
缺乏常识。因为没有一板一眼的老师教导我。

三浦　关于刚才韦伯的话题我还有一点想说。看了隈
先生的作品之后，我想起在韦伯的作品《新教伦
理与资本主义精神》中，有一节很有名，写到禁
欲式的资本主义最初就好像脱下扔掉的外套那
样的事物，变成了自我繁殖的铁壳，现代建筑也
正是在建造"钢筋混凝土之壳"，我想这恐怕是
不知何时要脱下来扔掉的外套那样的存在，就是
隈先生要做的呐。

隈 现代建筑之所以不敢于舍弃，是因为建筑还是被作为商品出售的对象，作为商品的话，不值钱的东西很难卖掉。因此，在土地上建造坚固的壳，然后形成了将其出售的系统，那坚固的壳成为商品被用于流通买卖，如果地上的建筑很单薄的话，就无法定价吧。

三浦 是那样啊。

隈 从感觉上来说，无论是赖特，还是柯布西耶，还是密斯·凡·德·罗，他们所共有的是青睐并非坚固的外壳，这样身心会感觉更为良好。然而，与20世纪资本主义的和解，还是没有可行的方式，感觉像是一种妥协。

三浦 原来如此啊。然而，现如今，造壳是越来越红火了。比如购物中心，比如机场等。

隈 在当今全球一体化的时代，都进行着老化陈旧的计算，这五年就坏了才好，先在五年之中将人们聚集起来制造出话题就好了，成了这样的日程规划，在这之中，不值钱的东西啦，垃圾一类的东西啦，都渐渐有了留存的余地，实际上是将永久坚固的外壳与土地捆绑成包裹一起出售，以此为前提全部运作起来。全球资本主义，就是对这样的包装流通的别称。在此之外，包裹的流通则相当困难。

三浦 这样啊。

隈 比如当今的机场大楼，实际上就像是与舞台装置一样的东西。

三浦 哦，假设……

隈 嗯。然而，作为舞台装置来说，是建造过度了。像舞台装置一样，数年之内会替换，这种想法被引入了建筑。扎实地建造出来又以建筑的外观示人，事物的存在不仅仅是非建筑性的事物，做出像建筑一样的东西实在让人作呕。全球资本主义，在这层意义上，是更青睐于具有坚固外壳的保守主义的。

然而，我所认识的人，会与舞台装置住宅那样的人一起建造旅馆。有一个连锁旅店名为"标准"（Standard），建造了很多中世纪风格的有趣的旅馆。那个旅馆的主人现在已经逐渐成为美国酒店行业的领军人物，他渐渐开始不信任建筑师，而是任用舞台装置设计师进行建造。建筑师的话毕竟还是会过度引入建筑的概念，就会过度呈现出空壳的样式，因此他从好莱坞邀请了舞台装置设计师来做设计，有时根据情况也会请他们进行施工。藤森照信在汤河源设计细川护熙的茶室时，因为工期紧迫，就让舞美专家进行施工，虽然立刻就完成了，但是，如今的建筑是连施工和设计都包含在内的，是以坚固巨大的袈裟为前提的。

三浦　唉？这么说来，建造了纽约世博会的GM展览会馆的诺曼·贝尔·盖迪斯原本是小剧场的舞美设计师。他进行过纽约大都会歌剧院的舞台设计。他开始从事工业设计是缘于进行了世博会的GM展览馆的设计。他还出版了关于高速公路设计的书呢，名为《神奇的汽车高速公路》。

隈　嗯。高速公路最初的时候即使在日本也是产品设计师从事建造，这很有趣。

三浦　是这样啊。

隈　东名最后的立交桥上面，有着呼一下延展开来的美观的防音壁,那是柳宗理先生的作品。

三浦　是吗?

限　　嗯。虽然一般的土木或者建筑设计师都注重景
　　　观,但却都是光说不练。然而,柳先生以制作茶
　　　碗似的感觉决定了要做的杯子的感觉。

三浦　哎? 还在做那样的工作啊?

1 【戈特弗里德·森佩尔】(Gottfried Semper,1803—
  1879)

　　19世纪德国建筑家。作为宫廷建筑家活跃于
德累斯顿和维也纳。其建筑理论著作《建筑四
要素》《样式论》等于19世纪后半期传到美国,
给予包括赖特等现代建筑家以重大影响。

3.11

时间共享的居住方式

三浦　在我们的对话中，共享这个话题出现了好多次，前些日子看NHK的新闻，其中讲述了一个巴黎发生的有趣事件。欧洲最近因为夏季酷暑，独居老人有人因为酷暑去世。为了应对这样的事件，志愿者团体展开了一项工作，就是让资金充裕的老人与独居的穷困年轻人同居。新闻中报道的是，70多岁的女性负担租金、电费、煤气费，也负责饮食开销。同居的20多岁的女性相应地需要平时晚上尽量待在家里。这是独居老人与贫困年轻人在欧洲的先进国家的房屋共享，令人感动。它并非将个人空间私有化并占有，也并非只共享多余的空间，而是共享时间。这使得老人和年轻人"活着的时间"也被共享。这一点十分重要。同居的方式因人而异，老人想和什么条件的年轻人同居，信息在电脑中被数据化，从中可以选择符合条件的年轻人。当然，居住在一起之后会产生各种各样的争执，但是即使产生了争执，西欧人凭借自己的交际手段也可以迎刃而解。

这样考虑的话，日本也是如此，在这个国民很年轻，经济也在发展的时代，依靠城市、建筑和住宅的私有化、转卖或者投资而得到了发展，我想，在发展终结的时代，一边修理旧东西一边使用，老人与年轻人合作生活就变得尤为重要。在那里肯定也是这样，贫困的年轻人依靠快餐生活，在电视报道中，老奶奶一边说"果然还是生牛奶脂肪多，但是也好喝啊"，一边给年轻人做饭。这样的生活智慧或者烹饪方式等很多事情被传承下来，是很有价值的。我想简易族是不会这么做的吧？

隈　现在送孩子出国留学的中介公司好像非常流行，比起这个，我认为中介公司如果经营一种业务，是为老奶奶寻找海外同居者，那就太有意思了。20世纪否定大家族，大家族分解成了被称为近代家族和小家庭的小单位，大家都意识到，这正是家族不幸的开端。在那样的小单位中，只能看着妻子的脸，必定会抓狂啊（笑）。必须要先破坏掉近代家族这样的结构。绝对有必要进行更大意义的诸如扩大家族之类的事。

三浦　个人与个人签订合同而居住在一起，这能显示出欧洲的个人主义，我觉得这是很好的主意。但是在日本施行的话应该还是很困难吧。

隈　结婚是人与人之间的结合，将来会认为：结婚是过去的事情吧？那时的结合很常见啊。20世纪的婚姻观，首先是为了多生孩子，夫妻有可能是作为生小孩的机制而结合在一起的，我想应该会有与之相匹配的不同的箱式计划吧。我也想试验性地建造很多"箱子"。

后记

当三浦先生提出要与我进行关于"三低"的谈话时，说实话，我心情有点复杂。三浦先生评价说，我20年前就开始主张"三低"。这令我很欣慰，确实，20年前在我成立自己的建筑事务所时，我就一直想成为"三低的建筑师"。然而，两年前开始，我也有这样的想法：三低与建筑师，原本就是矛盾的不是吗？时至今日，我也没有打消这样的想法。也可以说是，接手过形形色色的案子，建造过许多建筑，那种想法反而更强烈了。

为了说明那种复杂的想法，关于这一代设计师所处的位置以及来历，我想还是简要说明一下为好。我出生于1954年，被归为"战后建筑师第四世代"。根据这种分类方式，第一代建筑师是以1913年出生的丹下健三为代表的。20世纪60年代的高度成长期与他自己人生的壮年期时间吻合，以里程碑式的建筑象征着惊人的经济发展以及辉煌的工业化进程，风靡一时。在城市规划方面，丹下先生的代表作是"东京规划1960"。

将以皇居为基点的笔直轴线拉向东京湾，沿线建造巨大的海上城市，这样出人意料的设计，这样出人意料、来自上方的视角，令全世界的设计师为之震惊。

第二代建筑师有槙文彦（1928年生）、矶崎新（1931年生）、黑川纪章（1934年生）。总结一下他们所做的事情，就是对第一代进行了"修正"。槙先生通过高水准街道这样的视点着手，"修正"了来自上方的视线、来自天空的视线那种丹下之流的城市设计。矶崎新通过欧洲传统建筑和城市的设计手法，"修正"了第一代建筑师的粗暴。黑川则推崇日本的传统，想要超越第一代建筑师工业主义化的设计，但是那种大包袱式的自上而下的视角，不仅最像第一代建筑师，而且有过之而无不及，虽然他是丹下先生的弟子，却成为被丹下先生疏远的存在。这一代建筑师通过"修正"，在20世纪70年代之后的高度经济成长期后期，成为日本建筑的领军人物。在高度经济成长期后期，丹下那种来自上方的视角已略显突兀，稍微温和一些的"修正"反而与时代匹配。说一个题外话，有一回黑川先生给了我这样的建议，他说："小隈，在中国呢，反而必须要果断地摆出一副了不起的样子，否则谁也不会听你的呐。"我想："原来他不是想要显得了不起才装出一副了不起的样子，而是经过深思熟虑，有意识地摆出一副了不起的样子。说不定这人比我想象的要聪明得多。"然而，在那之后，我也没有采纳这个建议。因为无论怎么做我也无法自以为了不起。无论在中国，还是在别处。在中国，我比较在意的是，只要酒满上了，即使我不舒服，也必须得喝完这种事情。

接下来是第三代建筑师。这一代建筑师的主要代表人物是安藤忠雄、伊东丰雄（都生于1941年）。他们在20世纪70年代崭露头角。趁着20世纪70年代的反文化、反近代主义的浪潮，他们备受瞩目。并非科班出身而是拳击手出身的安藤忠雄，定位原本就是极致的"三低"。这种"三低"既具有坚韧性，又排斥所有的虚饰——无论是豪华的石贴，还是浓厚的装饰——就那样采用本色的清水混凝土，以此出击，对于"三高"与"修正主义"并存的建筑界而言，简直不可忍受。他一瞬间就站在了建筑界的顶端。另一方面，与男性化的、强健的安藤相对，伊东丰雄以女性化的、有女人味的立场，在反文化的建筑领域取得成功。与丹下、安藤所继承的粗犷混凝土相对，他以轻快而透明的膨胀合金以及穿孔金属板为武器，温和地追求着柔和的建筑。凭借与安藤不同的形式，伊东也企图翻转"三高"建筑。

在这样的第三代建筑师之后，我所属的第四代建筑师就登场了。与我同一代的建筑师有妹岛和世（1956年生）、坂茂（1957年生）。我是1973年上大学的，正值第二代建筑师的巅峰时期，尤其是在那个矶崎新大爆发的时代。另一方面，安藤和伊东的新作品也在年轻的同一代人中备受瞩目。在那样的时代氛围中，我加入了当时完全没有人气的原广司研究室。我那样做，与我自己的出身有关。我们在对话中也聊起过，我是在战前建造的破旧小木屋里长大的。在高度成长期的横滨私铁沿线，好像只有自己的家被时代抛弃了，昏暗、狭小、破旧。朋友的家都是闪闪发光、亮亮堂堂的。从这个角度来看，岂止第二代的"修正"主义，就连安藤的清水混凝土，以及伊东的膨胀合金，也都充分表达了闪闪发光、亮亮堂堂的工业社会之感，也就是让人有一种"三高"的堆砌感。原广司持续进行的关于世界边境的集落考察（破旧房屋考察），才是怀揣纯粹善意的建筑师的工作。

我将这种心绪，即反感，写成我的第一本书，名为《十宅论》。在这本书中，我将日本住宅分成"清里民宿派""料亭派"等类别，侧重清水混凝土和膨胀合金的建筑师们也被分类为"建筑师派"，与"清里民宿派"和"料亭派"并列为同一级别。虽然我打算以混凝土和膨胀金属对近代提出异议，结果还是在建筑师这个封闭的世界中形成了价值的反转。在那个封闭的社会中，"三高"仍然是高级品牌，这就是我批判的重点。如今重新读这本书，我认为自己完全是个拧巴又惹人嫌的小屁孩，那是事务所刚成立时，还几乎没什么工作经验的直率的我所感受到的。

那么，我要怎么做，才能凭借设计理想中的破旧小屋来谋生呢，可以说，那是接下来20年我一边累死累活一边不懈追求的。我否定混凝土这种工业性质的素材，使用木、土、纸等素材，还将它们制成百叶窗，制成透明的感觉，至少一点儿也不高高在上，我想以"三低"为目标，一直不懈努力至今。

虽说如此，打着建筑师的招牌，在城市这个偌大的地盘中工作本身就是"三高"性质的，只要这样做，就永远也无法达成"三低"，我认为这也是事实。只要想让它以较大的"音量"出现在城市中，哪怕只有一点，无论如何向"三低"努力，也难免会带有"三高气味"。特别是对我来说，多亏了我顽强而不懈地以"三低"为目标，因此接到了很多保存方面以及和风类的住宅委托。关于严谨地保存和再造古旧建筑的案子不断增加。然而，这类工作引起了诸多议论。比如在庆应大学，我接到了委托，与建筑师谷口吉郎和雕塑家野口勇合作设计万来舍的再造项目。在原作已经损毁之后，虽然只是被委托再造新大厦屋顶上的一部分，作为建筑的保存，这是否是正确的做法呢？也就是说卷入了这样的争论，这是否是真正的"三低"呢？我多次想，若是还有那样麻烦的想法，最好不要接触关于保存或是和风相关的案子，那反倒比较轻松。

在最近的项目中，有一个案子是歌舞伎座的改建。1951年建造的歌舞伎座，从构造上来说已经不符合现行的基准，增强抗震能力也是一个难题。改建是不得已而为之，管理者松竹和演员们也都这样认为。这个改建的设计委托给我，之后我改建的方法又会引发"三低"或者

"三高"的争论。在这种保存与传统的周围，就像埋着很多地雷的原野一样。

即使如此辛苦，想与保存和传统相关联的心理依然没变。我相信那个领域，是值得挑战的领域，是值得劳神费力的领域。对于重要的事情，无论发生什么，都不必回头。比如"因为正在保存之中，会有埋怨吧？""因为是经济行为所以没办法吧？""法律和行政人员是呆子，所以没办法吧？"之类的。因为是"三低"，所以即使被埋怨，也不能回头。不要回头，继续保持谦虚态度，坚持自己的"三低"。与三浦先生不慌不忙地进行了久违的谈话，能够重新鼓起勇气挑战这个困难。这才是此番对话最大的成果。

2009年12月
隈研吾

我与建筑师合作出书，这已经是第五本了。最初是与马场正尊、竹内昌义、齐木崇人，以及仙田满等人合著了《脱快速风土化宣言》(洋泉社)。第二次是，与筑波大学的渡和由先生合著了《吉祥寺风格》(文艺春秋)。第三次是，与蜜橘组的曾我部昌史先生合著了《商业街再生规划》。第四次是，几乎与本书同时出版的，与东京大学的大月敏雄先生合著的《奇迹的团地——阿佐谷住宅》(王国社)。

　　作为对消费社会的研究、城市研究、郊外研究的一环，我平时就会一点点汲取关于建筑的知识，但我终究是个外行。为了写出内容充实的书，我必须借助专家的力量。为此，我通过与建筑师的合作才出了书。

相反，从建筑师的角度来看，他们无疑期待着能够向更多的读者传递信息。尤其是与我合作的诸位，完全不是被封锁在建筑这个专业领域那样的人。他们都是从建筑能够洞见社会，从社会能够洞见建筑，广泛地在社会中进行提议，想着哪怕能够对社会进行一点点改良也好。与他们的合作非常快乐，而且令我受益匪浅。

这次的对话是我拜托隈先生的。我与隈先生对话之后意识到的，正如在本书开头所说，是我不经意间想起"三低的城市"这样一个概念，因此想以这个主题与隈先生对话，哦不，我考虑这个话题只能与隈先生对谈。

隈先生是世界级的建筑师，可以说是已经被冠以天才之名。虽说如此，隈先生并没有自以为了不起，而是直爽坦率。以那样的风貌，怎么也看不出天才般的狂傲，我这么说失礼了呐。隈先生总是保持着理智状态。不，其实他也有着不乱阵脚的瞬间疯狂，让人难以察觉，那正是隈先生的厉害之处。那种不食人间烟火的姿态，才正是所谓的"三低"。

我最初与隈先生见面，已经是十年之前了，是在一个不动产公司主办的研究会。那个研究会的主旨是，针对当时的住宅和城市整备公团在郊外开发住宅区的方式，进行讨论。我想，因为我当时已经出版了《家族与郊外的社会学》(PHP研究所刊)，所以那个研究会才会邀请我去参加。然而，因为没做足功课，所以我当时不理解为何隈先生会去那里。

在那之后，我继续研究"家族与郊外"，1999年写下了《"家族"和"幸福"的战后史》，我记得也正是在那个时候，我拜读了隈先生的《建筑欲望的终结》等著作。令我吃惊的是，这样说有些失礼，我到那时为止已经研究了十年之久的"家族与郊外"，隈先生居然从老早以前就开始调查了！

到那时为止，能从社会学的视角出发，而且能够写出社会学角度的文章，那样的建筑师十分罕有。以这样的能力而言，隈先生无疑是出类拔萃的。

关于我取名为"三低"这个概念，正如我在本书开头所写的那样，虽然表达不同，但是隈先生在20年前就已经提出。比如《建筑欲望的终结》一书中有一篇短文名为《零零落落的家》。隈先生写道："零零落落的家具备'不规则''杂乱'和'乐趣'，对于近代一笑置之。"这是1989

年的文章，正值泡沫经济的鼎盛时期。在那样的时期，隈先生却提出了"零零落落的家"那样的提案，那种前瞻性令人瞠目结舌。

实际上，现如今，以年轻一代为中心，时代的感觉正发生着巨变。例如，泡沫经济时代的年轻女性，憧憬着在银座游玩，住在青山的高级公寓，开高级进口车，买高级名牌的生活。然而，现在的年轻女性，比起住在青山的公寓，她们更想住在谷中的大杂院。她们对高级进口车也失去了兴趣，增加了很多喜欢铁路的"铁子"，以及拿着二手相机在浅草和向岛散步的"相机女孩"。她们对名牌商品也失去了兴趣，而是喜欢奇特的、无印的事物，以及旧衣物和浴衣等。听说也增加了很多对考古探墓感兴趣的女性。这完全是对"近代"一笑置之的态度啊。可以说完全是眼中没有"近代"。

无论什么时代，对于时代氛围的细微变化，年轻女性都尤为敏感。那些女性，已经与时俱进地变化了。接下来，世界一定会变得零零落落吧。时代终于追上了隈先生。

此外，希望大家能关注本书日文版折页中隈先生写的字。正是"零零落落的"艺术。我向编辑提议，作为本书的装订风格, 应当使用像是以竹枝书写而成的字体, 就像出自中国古典氛围一般的"三低主义"。隈先生应该不知道这事, 隈先生的字体却正如我心中所想呐! 隈先生, 非常感谢您。

2009年12月
三浦展

隈研吾（KUMA KENGO）

建筑师。东京大学教授。1954年生于横滨。东京大学建筑专业硕士毕业。哥伦比亚大学客座研究院。之后成立隈研吾建筑城市设计事务所。主要建筑作品有：水/玻璃、那珂川町马头广重美术馆、三得利美术馆、朝日放送新社屋、根津美术馆等。主要著作有：《十宅论》《新建筑入门》《建筑欲望的终结》《反物质》《负建筑》《自然的建筑》《新·城市论TOKYO》等。

三浦展（MIWURA ATSUSHI）

"文化研究"（Culture Studies）研究所主理人。消费社会研究家。1958年生于新潟县。毕业于一桥大学社会学专业。曾担任PARUCO有限公司《穿越》（Across）杂志主编，后入职三菱综合研究所。之后成立了"文化研究"研究所。其著作有：《下流社会》《快速风土化的日本》《成人东京散步指南》《我无家可归的孩子》《简易族的叛乱》《吉祥寺风格》《奇迹的团地·阿佐谷住宅》等。

图书在版编目（CIP）数据

三低主义 / （日）隈研吾，（日）三浦展著；刘朔译.
--重庆：重庆大学出版社，2019.3
ISBN 978-7-5689-1464-2

Ⅰ.①三… Ⅱ.①隈…②三…③刘… Ⅲ.①城市—
消费—研究—日本 Ⅳ.①F131.36

中国版本图书馆CIP数据核字（2019）第005801号

三低主义
SANDI ZHUYI
[日]隈研吾 [日]三浦展 著

刘朔 译

策划编辑：张菱芷 张 维 责任编辑：李桂英
责任校对：刘志刚 书籍设计：Moo Design
责任印制：张 策

重庆大学出版社出版发行
出版人：饶帮华
社址：（401331）重庆市沙坪坝区大学城西路21号
网址：http://www.cqup.com.cn
全国新华书店经销
印刷：北京盛通印刷股份有限公司

开本：787mm×1092mm 1/32 印张：11 字数：161千
2019年8月第1版 2019年8月第1次印刷
ISBN 978-7-5689-1464-2 定价：58.00元

SANTEL SHUGI by Kengo Kuma and Atsushi Miura
Copyright © KUMA Kengo, MIURA Atsushi 2010
All rights reserved.
Original Japanese edition published by NTT Publishing Co., Ltd., Tokyo.

This Simplified Chinese edition is published by arrangement with
NTT Publishing Co., Ltd., Tokyo in care of Tuttle-Mori Agency, Inc., Tokyo
through LEE's Literary Agency, Taipei

版贸核渝字（2015）第082号